NADINE PRIMO

KONSENS

ist sexy

Warnung:

In diesem Buch werden sexuelle sowie körperliche Übergriffe und Suizidversuche geschildert.

NADINE PRIMO

KONSENS ist sexy

Von persönlichen Grenzen und weiblicher Lust

mvgverlag

Bibliografische Information der Deutschen Nationalbibliothek
Die Deutsche Nationalbibliothek verzeichnet diese Publikation in der Deutschen Nationalbibliografie. Detaillierte bibliografische Daten sind im Internet über http://dnb.d-nb.de abrufbar.

Für Fragen und Anregungen
info@mvg-verlag.de

Originalausgabe
1. Auflage 2023

Türkenstraße 89
80799 München
Tel.: 089 651285-0
Fax: 089 652096

Redaktion: Birthe Vogelmann
Umschlaggestaltung: Karina Braun
Umschlagabbildung: Shutterstock.com/Parrot Ivan
Satz: Christiane Schuster | www.kapazunder.de
Druck: CPI books GmbH, Leck
Printed in the EU

ISBN Print 978-3-7474-0512-3
ISBN E-Book (PDF) 978-3-96121-907-0
ISBN E-Book (EPUB, Mobi) 978-3-96121-908-7

Wir produzieren nachhaltig
www.m-vg.de

Weitere Informationen zum Verlag finden Sie unter

www.mvg-verlag.de

Beachten Sie auch unsere weiteren Verlage unter www.muenchner-verlagsgruppe.de

Inhalt

Vorwort

Und wieder begann ein neuer Abschnitt. Abhauen, das kann ich gut. Nach meiner vorletzten Trennung hatte es mich von Bonn nach Köln verschlagen. Diesmal, frisch getrennt, ging es in die Hauptstadt. Welch passender Zufall, dass ich dort bereits einen Tag, nachdem wir die Beziehung beendeten, ein Vorstellungsgespräch hatte. Hier war ich nun: neuer Job, neue Stadt, neue Wohnung – mal wieder.

Jeder Umzug birgt einen Neuanfang, denn du hast die Chance, jemand anderes zu sein. Wenn du das willst. Niemand kennt dich, keine*r hat ein Bild von dir. So war es auch dieses Mal in der neuen Stadt. Hier musste ich nicht über die Trennung nachdenken, denn niemand sprach mich darauf an. Wirklich Zeit, mich damit auseinanderzusetzen, hatte ich dank neuem Job und zwei sehr lebendigen Mitbewohnerinnen auch nicht. Täglich neuer Input, alle naselang eine neue Herausforderung. Das brauchte ich, das wollte ich. Zu lange hatte ich mich gefangen gefühlt. Gefangen in alten Emotionen, allen voran in dem Gefühl, nicht genug für mich und meine Bedürfnisse einzustehen. Auf einmal ging es um nichts anderes mehr außer um mich und meine Bedürfnisse.

Durch meine Freiberuflichkeit bin ich nicht ortsgebunden. Ich arbeite mittlerweile seit circa fünf Jahren als freie Autorin, Speakerin und Model. Anfangs sprach und schrieb ich viel über alternative Beziehungskonzepte, den Umgang mit Eifersucht und die Wichtigkeit von bedürfnisorientierter Kommunikation innerhalb romantischer Liebesbeziehungen. Wie es dazu kam? Nun ja, ich lebte damals selbst in einer offenen Beziehung und fing an, meine Gedanken zu veröffentlichen – und das kam gut an. In den letzten Jahren ist viel passiert, und mein Themenschwerpunkt änderte sich immer mal wieder. Mittlerweile würde ich mich zudem als Bi-Aktivistin bezeichnen, da ich einen Großteil meiner Arbeitszeit dafür aufwende, auf anhaltende Diskriminierungen von Bisexuellen inner- und außerhalb der queeren Community aufmerksam zu machen. Aber dazu später mehr.

Der Umzug von Köln nach Berlin brachte nicht nur einen Wohnortwechsel mit sich, sondern auch neue Themen, die mich fortan beschäftigen sollten. Durch eine wundersame Begegnung, die ich gleich zu Beginn in Berlin hatte und auf die ich später noch genauer eingehen werde, setzte ich mich zuerst gezwungenermaßen, schließlich glücklicherweise, erneut mit meiner Bisexualität auseinander. Mir ist es ein wichtiges Anliegen aufzuzeigen, wie vielfältig die Liebe, Beziehungskonzepte, Lust sowie Sehnsüchte und Fantasien sind. Ebenso vielfältig wie sexuelle Orientierungen und Geschlechteridentitäten. Egal, ob Monogamie, Polyamorie oder offene Beziehung; egal, ob hetero-/homo-/ bi- oder vielleicht sogar asexuell; egal, ob trans-/ cis- oder non-binär – alles ist möglich und vor allem: legitim!

Das Thema weibliche Lust wurde immer wichtiger für mich, auch in meiner Arbeit als Autorin, denn ich begriff, dass hier weiterhin viel Unkenntnis und gefährliches Halbwissen in den Köpfen vorherrschen. Noch immer taucht weibliche Lust meistens im Kontext männlicher Lust auf und ist dafür da, ebendiese zu befriedigen, statt die eigene in den Vordergrund zu stellen. Aufgrund dessen kommt es immer wieder zu Erwartungshaltungen gegenüber Frauen, die zu grenzüberschreitenden Situationen führen können – wenn im Vorhinein kein Konsens eingeholt wird.

Ein Beispiel: Mainstream Porno. Hier wird jungen Frauen größtenteils suggeriert, dass sie sich als unterwürfig zu präsentieren haben und der männliche Part den Ton angibt. Darüber hinaus ist auch unsere

Gesellschaft ein großes Stück weit mitverantwortlich. Eine Gesellschaft, in der wir jungen Mädchen weiterhin keine passenden Begriffe für ihre Genitalien mit auf den Weg geben, sondern Vulva und Vagina als Scheide oder noch besser: »da unten« bezeichnen.

Im Laufe der Zeit sind auch mir einige unschöne Dinge passiert, die ich gefühlt jetzt erst in vollem Umfang realisiert habe. In den Momenten selbst erleben wir sie, in der Zeit danach verarbeiten wir sie. Neben unangenehmen Begegnungen im Waschsalon, Übergriffen im Park und im Club sowie ungeschickten Verwechslungen zufälliger Partybekanntschaften waren auch verstörende Momente mit Affären dabei.

Einige Monate nach meinem Umzug war ich, wie viele Singles und auch andere, von der pandemiebedingten Einsamkeit betroffen. Hier sollte ich noch einmal begreifen, wie wichtig es ist, meine Grenzen zu kennen, zu kommunizieren und für sie einzustehen. Denn wenn ich eins auf einmal zu viel hatte, dann Zeit – Zeit zum Nachdenken. Ich ließ die letzten Jahre in meinen schlaflosen Nächten Revue passieren. Wir können auf so viele Arten abhängig sein oder ausgenutzt werden. Klar kommunizierte Grenzen können uns davor schützen: sexuell, körperlich, geistig, emotional, psychisch. In Machtgefügen und strukturell bedingter Unterdrückung, der so gut wie alle Gruppen unterliegen – mit Ausnahme von weißen Cis-Hetero-Männern –, ist es oftmals schwierig für die Unterdrückten, aus dieser Abhängigkeit auszubrechen.

Eine negative Erfahrung hat mich dabei besonders lange beschäftigt. Sie fand in einem Park statt. Ich war mit einer Freundin auf einen Wein verabredet. Wir hatten eine Decke und Gläser dabei und setzten uns zwischen einige andere Parkbesucher*innen. Nach etwa einer Stunde kam plötzlich ein ungebetener Gast zu uns. Er wirkte, als hätte er länger schon nicht mehr geschlafen und wohl auch illegale Substanzen konsumiert. Ohne zu fragen, setzte er sich direkt zu uns auf die Decke und verlangte nach einem Glas Wein. Höflich bat ich ihn zu gehen. Anstatt zu gehen, begann der Mann, mein Bein zu begrapschen und sagte, wie »unfassbar geil« er uns finden würde. Hilfesuchend schaute ich mich um. Nicht unweit saßen einige Leute, die kurz aufschauten. Ich wandte mich an sie, sagte, dass der Kerl wirklich aggressiv und komisch sei. Es kam keine Reaktion.

Schließlich standen meine Freundin und ich auf, packten unsere Sachen zusammen und wollten gehen. Er folgte uns, redete wirres Zeug, schrie sogar immer wieder wilde Drohungen in unsere Richtung. Schließlich konnten wir ihn abschütteln. Ich rief die Polizei. Die Erleichterung war groß, als die Beamten uns kurze Zeit später informierten, dass sie den Mann in Gewahrsam genommen hatten.

Damals habe ich mich danach angegriffen und verletzt gefühlt. Weil mir jemand in dem Moment Angst gemacht hat und ich nicht wusste, wie ich mich richtig verhalten sollte und keine Kontrolle über die Situation hatte.

Nach dieser Erfahrung wusste ich, dass etwas passieren musste. Also fing ich an, über den Vorfall zu schreiben, ihn zu veröffentlichen. Die Reaktionen waren großartig: Einige Menschen meldeten sich bei mir, sprachen ihr Entsetzen und Mitgefühl aus. Viele Frauen schilderten ähnliches, oder weitaus Schlimmeres. Manche Männer erzählten mir danach von Situationen, in denen sie, nachdem sie meinen Beitrag gelesen hatten, bewusst eingeschritten waren, oder auch von solchen, in denen sie ihr eigenes Verhalten hinterfragt haben.

Rückblickend hat mir das Feedback geholfen, die Geschichte zu verarbeiten und ad acta zu legen. Mit der Zeit kehrte wieder innere Ruhe bei mir ein, und das Gefühl, ohnmächtig zu sein, versiegte. Ich habe mich nicht mehr wie ein »Opfer« gefühlt und aus der Sache gelernt, dass ich mit meiner Geschichte mehr Bewusstsein für den Umgang mit Frauen in der Öffentlichkeit schaffen kann. Jeder Gedanke und jede daraus resultierende Tat zählt.

Vielleicht war eine Intention, dieses Buch zu schreiben, auch die, dass ich mir als junges Mädchen gewünscht hätte, so etwas zu lesen zu bekommen. Es hätte mir auf jeden Fall einige Fragen beantwortet, viele diffuse Gefühle erklärt und relativiert. Das denke ich oft in letzter Zeit, wenn ich Bücher von Margarete Stokowski, Katja Lewina, Liv Strömquist oder Dr. Julia Shaw in den Händen halte und weiterempfehle.

Was ich mit diesem Buch erreichen möchte? Ich habe gemerkt, dass ich auf Missstände aufmerksam machen kann, indem ich meine Erfahrungen teile. Immer wieder erzählen mir andere Frauen als Antwort auf meine Artikel und Interviewbeiträge ähnliche Geschichten. Das zeigt mir, dass Mensch sich damit nicht allein fühlen muss. Durch meine Arbeit und Aktivitäten auf Social Media und im TV werde ich von außen oftmals als sehr stark und selbstermächtigt wahrgenommen – das ist mir bewusst. Dennoch ist auch mir in manchen Situationen erst im Nachhinein wirklich klar geworden, was mir da eigentlich widerfahren war. Und dabei muss es nicht immer zu einem konkreten sexuellen Übergriff kommen. Grenzüberschreitungen fangen bereits viel früher an, früher als die eine oder der andere vielleicht denken mag. Das zu realisieren ist wichtig. Das ist der erste Schritt.

Grenzen erkennen, setzen, kommunizieren, einhalten – ein lebenslanger Prozess, denn je nach Lebenssituation ändern sich auch unsere Bedürfnisse. Wenn ich an meine Wünsche und Sehnsüchte vor zehn Jahren denke, unterscheiden diese sich bereits deutlich von denen, die ich jetzt hege. Während ich mich früher nach Abenteuer, Spaß, Abwechslung – nach allem, nur nicht nach Beständigkeit – gesehnt habe, so erwische ich mich mittlerweile immer häufiger dabei, wie ich von mehr Ruhe, Routine, Sicherheit – aber vor allem: Beständigkeit – träume. Dadurch verschieben sich auch meine Grenzen, emotional wie persönlich. Meine Ansprüche an berufliche Projekte oder wie ich mit meiner Zeit umgehe(n lasse), haben sich verändert, ebenso mein Geduldsfaden, was zwischenmenschliche Interaktionen betrifft: Ich entziehe mich schneller und wähle mein Umfeld bewusster aus. Es kommt mir nicht mehr darauf an, etwas Neues zu erleben, sondern ich erfreue mich an trauter Gemeinsamkeit.

Einige toxische Beziehungserfahrungen später, an denen ich nicht ganz unbeteiligt war, befreite ich mich immer mehr von erlernten zwischenmenschlichen Dynamiken und entdeckte psychologische Konzepte und Ansätze, die sich viel mit der Kommunikation eigener Bedürfnisse einerseits und deren Unterdrückung andererseits beschäftigen. Durch Recherche und Gespräche mit meinem Therapeuten, aber auch grenzüberschreitende Beziehungserfahrungen, die mein romantisches Leben vor allem während meiner Studienzeit prägten, sollte ich viel über hochsensiblen Narzissmus lernen sowie über Depression als Antwort auf einen ohnmächtigen Helfenden. Aus anfänglichem Staunen wurde die entmutigende Erkenntnis, dass zwanghaftes helfen wollen am Ende mehr schadet, als dass es hilft – weder dir selbst noch den anderen. Der Vorteil dieser Erkenntnis? Einmal damit abgefunden und genauer durchdacht, eröffnet sich dadurch ein neuer Blick, um unbewusste Faktoren, die unsere romantischen Beziehungsdynamiken maßgeblich beeinflussen, frühzeitig zu erkennen und so gegebenenfalls (gegen-)steuern zu können.

Was das wiederum alles mit frühkindlichen Erfahrungen zu tun haben kann, will ich anhand von persönlichen Erinnerungen und Erlebnissen aufzeigen. Ich habe länger darüber nachgedacht, ob ich einige Kindheitserinnerungen wirklich teilen soll, weil ich das als sehr intim empfinde. Aber andererseits ist es schwierig, und zudem langweilig, über diese Themen rein theoretisch, im besten Fall tiefenpsychologisch, zu schreiben.

Also schrieb ich alles auf. Meine Gedanken, Erfahrungen, die Ergebnisse meiner Recherchen und Geschichten, die mir andere bisexuelle Menschen erzählten. Ich schrieb Blogbeiträge, Artikel sowie Zeitungsbeiträge und schließlich meine Kolumne »bi happy«. Das alles half mir sehr – und anderen auch. Immer mehr Nachrichten erreichten mich, und das Gefühl, mich rechtfertigen zu müssen oder mich nicht zugehörig zu fühlen, verschwand nach und nach.

Auch wenn es lange Zeit eine Herausforderung für mich war, bisexuell zu sein, so ist es jetzt nur noch eins: ein Geschenk. Das Geschenk, auf alle Geschlechter zu stehen und allein dadurch mehr Diversität zu (er-)leben. Ich verstecke mich nicht mehr, ich hinterfrage mich nicht mehr, ich bin stolz darauf, bisexuell zu sein – und somit auch resistent gegen veraltete Klischees und lächerliche Vorurteile. Ich verliebe mich in Menschen, nicht in Geschlechtsteile. Außerdem bilde ich mir ein, als bisexueller Mensch einen erweiterten Blick auf die Dinge, in dem Fall das Dating, zu haben. Warum das so ist? Ich finde mich in gleichgeschlechtlichen und andersgeschlechtlichen Dynamiken wieder; ich date mehr als ein Geschlecht und verlasse meine Komfortzone regelmäßig; Polyamorie ist für mich ebenso legitim wie Monogamie und lediglich ein weiters Konzept, das wir wählen können, wenn es um die Gestaltung unserer Liebesbeziehungen geht; ich war einerseits offen und direkt und habe mich andererseits schüchtern und verloren beim Daten erlebt.

Ich will Denkanstöße geben und bin davon überzeugt, dass sich einige mit manchen Erlebnissen recht gut identifizieren können, denn viele davon sind das Produkt weiterhin vorherrschender patriarchalischer sowie diskriminierender Strukturen, kurz gesagt: des Patriarchats! Ich erhebe weder einen Absolutheitsanspruch auf meine Aussagen noch will ich mich als Hobbypsychologin aufspielen. Mir ist bewusst, dass mein Erfahrungshorizont am Ende rein subjektiv ist und auf persönlichen Erlebnissen beruht, die mal mehr, mal weniger Durchschnitt sind – aber am Ende immer eins gemeinsam haben: Sie bilden nur eine Teilperspektive des Geschehenen ab.

Sprachlich möchte ich an dieser Stelle anmerken, dass, wenn ich von (m)einer »bubble« spreche, ich von meinem Umfeld, meiner Realität, meinem Wertekosmos (wie meine Mitbewohnerin so schön sagen würde) rede. Scrolle durch deinen Instagram Feed – das ist deine mediale bubble. Das gilt zumindest für die meisten von uns, die sich den angezeigten Content nach der eigenen Interessenslage zusammenstellen und sich somit ruckzuck eine digitale Komfortzone errichten.

Ursprungsfamilie: von Vorbildern (sich selbst) lieben lernen

Bestimmt würde nicht jede*r seine*ihre aktuellen Probleme auf die eigene Familie zurückführen, obgleich wir die Macht der Sozialisation und Erziehung manchmal unterschätzen. Man muss keine physische/sexuelle Gewalt oder psychischen Missbrauch in der Familie erfahren haben, um als erwachsener Mensch unter Selbstzweifeln, Bindungsängsten oder Ähnlichem zu leiden. Im Gegenteil: Die Dinge, die wir beim Heranwachsen unbewusst erleben oder als normal empfinden, erweisen sich teilweise erst viele Jahre später, wenn der Abnabelungsprozess vollständig stattgefunden hat, als Ursache für unsere Probleme. Sätze, die in unseren Köpfen widerhallen und uns das Leben in manchen Momenten besonders schwer machen.

Jede*r von uns kennt diese*n innere*n Richter*in, der*die unser Handeln meistens unverhältnismäßig streng bewertet und uns auf Schritt und Tritt begleitet. Die Frage ist, wie wir damit umgehen und wie viel Macht wir seinen*ihren Worten, Bewertungen und Erwartungen geben. Nicht jede*r hat die Kraft oder Voraussetzungen zu rebellieren. Mein Tipp an dieser Stelle: Therapie schadet nie. Mensch muss nicht erst am Ende seiner

Kräfte sein oder einen Todeswunsch verspüren, um professionelle Hilfe in Anspruch zu nehmen.

Die Komplexität und der Einfluss, die solche erlernten (Denk-) Muster haben, sind nicht zu unterschätzen – die kleinen gedanklichen Schikanen, die unser Gehirn tagtäglich für uns bereithält. Ein Beispiel: Wenn wir uns nicht aus einer toxischen Beziehung lösen wollen, weil wir zu Hause gelernt haben, dass es besser ist, jemanden als niemanden zu haben: »Single-Sein ist ein Mangelzustand, vor allem als Frau.« Blödsinn! Oder, wenn wir uns nicht trauen, alternative Beziehungskonzepte zu leben; uns in Geschlechtsgenoss*innen zu verlieben; den sicheren Schreibtischjob aufzugeben und uns in die Selbstständigkeit zu wagen; das gewohnte Umfeld zu verlassen und woanders neu anzufangen et cetera, et cetera … Wie sehr vorgelebte Beziehungsdynamiken unsere Vorstellung von romantischen Beziehungen und damit auch meine Grenzen beeinflussen, wurde mir immer mehr bewusst, nachdem eine Liebesbeziehung nach der anderen scheiterte.

Meine Eltern haben sich mit gerade einmal fünfzehn Jahren ineinander verliebt und sind bis heute glücklich verheiratet. Das sieht man und merkt man. Nicht wenige ihrer langjährigen Freund*innen haben mir mehr als einmal erzählt, wie neidisch sie auf die Beziehung meiner Eltern sind. Ich selbst habe die beiden nie streiten gesehen, höchstens mal eine Meinungsverschiedenheit mitbekommen. Meine Mutter spricht bis heute lediglich von einem Zerwürfnis, das sie vor vierzig Jahren hatten und das zum »Aus« hätte führen können – hat es aber nicht.

Was ich daraus mitgenommen habe? Dass Streit nicht in eine Beziehung gehört, und ergo haben mich Streitigkeiten mit ehemaligen Beziehungspartner*innen sehr aus der Bahn geworfen. »Das war es jetzt also. So funktioniert das nun mal nicht«, war oftmals mein erster Gedanke.

Blödsinn! Was mir früher nicht bewusst war: Meine Mutter ist über die Jahre viele Kompromisse eingegangen. Ich war neidisch auf sie, dass sie nicht arbeiten musste und trotzdem, zumindest augenscheinlich, alles bekam, was sie wollte.

Ich hingegen musste mir bereits früh einen Nebenjob suchen, um mein Taschengeld aufzubessern. Mein Vater hatte immer das letzte Wort. Das ist mir glasklar in Erinnerung geblieben. Meine Mutter hat ab einem gewissen Punkt immer klein beigegeben.

Dieses Verhalten sollte ich lange Zeit in meinen Beziehungen reproduzieren. Das wurde mir erst bewusst, als mein letzter Partner mir in einem Streit an den Kopf warf: »Sei zur Abwechslung doch wirklich mal so stark, wie du gern wärst, und zieh dein Ding durch.« Denn auch wenn ich noch so laut und wild diskutierte, am Ende setzte mein Gegenüber sich meistens durch und ich strafte ihn im Folgenden mit einer kalten Schulter oder schlechter Laune. Also eigentlich genau so, wie meine Mutter es mit meinem Vater gemacht hatte, wenn er bei einer Meinungsverschiedenheit mal wieder seine Interessen durchgefochten hatte.

Aber nicht nur Verhaltensweisen bekommen wir von unseren Eltern, unseren ersten Vorbildern, vorgelebt und vermittelt. Auch biologische Eigenschaften, die Rede ist von Genen, bekommen wir vererbt. Das wiederum sollte stärker in sozialwissenschaftliche Analysen miteinbezogen werden, wie Genetikforscher*innen seit geraumer Zeit fordern. Es geht dabei um die Klärung von Fragen wie: »Was haben die Gene damit zu tun, dass manche Menschen aggressiver sind als andere, risikofreudiger oder introvertierter? Wie stark geht der Hang zur Sucht auf das

Erbgut zurück? Wie sehr entscheidet es, ob ein Kind gut in der Schule ist oder ein Erwachsener erfolgreich im Beruf?«[1]

Unsere Erziehung, unsere Sozialisation, vor allem Peergroups, denen wir uns in den entscheidenden Jahren unserer Entwicklung, der Pubertät, zugehörig fühlen, prägen unsere Entwicklung maßgeblich. Das alles hat einen enormen Einfluss auf unser Empfinden und Verhalten. Es gibt Psychosen, die niemals ausbrechen, weil einfach das Setting stimmt –die Dämonen nicht genährt werden. In den ersten Kapiteln will ich darauf eingehen, wie viel Macht die ersten Eindrücke; die ersten Erinnerungen und Erlebnisse auf unsere Entwicklung haben (können). Aber vor allem: Was hat das mit mir gemacht?

Mutterrolle: Feind - oder Vorbild?

Wenn ich als Kleinkind wütend war, attestierte meine Mutter mir schnell, jähzornig zu sein. Wenn ich besonders frech oder rechthaberisch war, hieß es, ich sei »die Tochter meines Vaters«. Wenn ich gedankenverloren und mit starrem Gesichtsausdruck durch die Stadt lief, wies mich meine Mutter darauf hin, dass ich arrogant aussehen würde und so bestimmt niemand Lust hätte, mit mir in Kontakt zu treten. Als ich mit ungefähr sechzehn Jahren meine Mädels-Clique in der Schule wechselte, die nun aus eher aufmüpfigen, lauten Charakteren bestand, sagte sie, dass diese jungen Frauen sich wenig fraulich verhalten würden.

Aber am meisten ist mir ihr ständiges »Was sollen denn die Nachbarn denken?« in Erinnerung geblieben. Eine ihrer Lieblingsfragen, die ich in der Pubertät besonders oft zu hören bekam. Kein Wunder, denn ich rebellierte wild, auf allen Ebenen. Eine einfache Frage, die mich dennoch jahrelang, selbst nach meinem Auszug begleitete.

Ich mache meiner Mutter keinen Vorwurf mehr. Sie hat mir eben das weitergegeben, was sie in frühester Kindheit mitgegeben bekommen hat. Frauen haben in dieser Welt nun mal vorrangig was zu sein? Richtig: angepasst, friedlich, fürsorglich, bedürfnislos und schön. Einfach schön aussehen, ein schmückendes Beiwerk sein und Mutter. Versteht mich nicht falsch, denn ich rede nicht von »frustrierten Hausmütterchen«, was ein abschätziger Begriff ist – warum sind sie wohl frustriert? Ganz und gar nicht, einige von ihnen haben, nachdem die Kinder aus dem Gröbsten raus waren, wieder angefangen zu arbeiten. Die Berufswahl war dabei einheitlich konservativ-bodenständig. Was ich damit meine? Ihre Männer sind Anwalt, Arzt oder Geschäftsführer. Die Frauen Arzthelferin, Sekretärin, Bankberaterin, Pflegekraft, Verkäuferin – alles Jobs, die auch weiterhin in Schulbüchern als per se weiblich angeführt werden. Es sind Berufe, die gegendert oder ausschließlich weiblich besetzt sind, ebenso wie Erzieher*in, Krankenpfleger*in, Flugbegleiter*in.

Aber was mich noch viel mehr verwunderte, war der internalisierte Frauenhass (Vorsicht: harte Sprache), der auch vor weiblich geprägten Menschen keinen Halt machte. Sei es in Form von Lästereien, vorranging über das Aussehen, natürlich die Figur und das Verhalten, gerade dem männlichen Geschlecht gegenüber und ihre (fehlenden) Qualifikationen als Mutter. Auch wenn es einem unterhaltsamen Zweck dienen sollte, sich gemeinsam über die anderen zu informieren, den neusten Klatsch & Tratsch auszutauschen, so war es am Ende meistens ein Austausch von Gehässigkeiten, die die eigenen Unsicherheiten, den Neid oder verletzte Gefühle, maskierten. Das ist wieder nicht anklagend gemeint. Die Autor*innen Sarah und Nick formulieren es in ihrem Buch *Splitterfaserkrass* sehr treffend, wenn sie schreiben: »die gelernte gesellschaftliche Konvention gestattet es ihnen [den Frauen] allerdings kaum, verletzten Stolz offen zu zeigen und für sich selbst offen und klar einzustehen.« Eine Folge des über Jahrtausende geprägten kulturellen Frauenbildes.[2] Und ein weiteres Produkt des Patriarchats: internalisierte Misogynie. Kurz zusammengefasst handelt es sich dabei um »Frauenfeindlichkeit von Frauen für Frauen (auf verbaler Ebene)«.

Das ist etwas, was mir selbst in meiner Schulzeit, gerade während des Abiturs immer wieder auffallen und zum Verhängnis werden sollte. Dazu haben einige Aussagen ihr Übriges getan, zum Beispiel die meines Mathelehrers, der meine schlechten Leistungen damit begründete, dass Frauen ja nun mal schlechter in Mathe seien, oder die witzig gemeinte, dafür sehr bezeichnende Antwort meines Opas, als ich ihm erzählte, dass ich nach dem Abitur erst einmal reisen und im Ausland arbeiten wolle: »Mädchen, was soll der Quatsch? Such dir einen Mann und krieg Kinder!« (Nein, ich nehme es ihm nicht übel. Er wusste es nicht besser und wollte gleichzeitig nur das Beste für mich.) Dieser Spruch ist wohl das perfekte Beispiel dafür, wie die Rollenverteilung in unserer Familie zu sein hat(te). Das passte mir nicht und daraufhin fing ich an, mich darüber zu definieren, kein typisches Mädchen zu sein[3]. Kein Wunder.

Doch dann wurde mir durch viele kleine bedeutsame Begegnungen während meines Studiums bewusst, wie wenig das gesellschaftliche Frauenbild wirklich mit Frausein gemein hat. Aber vor allem: wie flexibel der Begriff Frausein ist und wie unterschiedlich jede*r ihn auslegt und -lebt.

Ich habe eine ganze Weile gebraucht, um das zu verstehen. Lange Zeit rebellierte ich stark gegen das weibliche Vorbild, welches meine Mutter mir vermittelte. Das war ganz schön anstrengend. Angepasst-Sein kostet mich Kraft, Dagegen-Sein manchmal noch viel mehr. In beiden Momenten bin ich nicht ich selbst. Schließlich hat meine Mutter auch viele gute Charaktereigenschaften, die ich dadurch negierte und ihr als auch mir absprach. Zum Beispiel ihre Ruhe, ihre Fürsorglichkeit und, gefühlt, unerschütterliche Freundlichkeit.

Von ihr habe ich auch meine Leidenschaft fürs Lesen geerbt. Wenn ich an meine Mutter denke, habe ich immer das gleiche Bild vor Augen: Wie sie mit einem Buch in der Hand im Wohnzimmer auf der Couch sitzt und stundenlang liest. Im Verlauf der letzten Jahre ist mir immer mehr bewusst geworden, wie viele meiner inneren Konflikte, Unsicherheiten und Selbstzweifel in erlernten Mustern begründet liegen, die ich zwar verinnerlicht hatte, aber deren Tragweite mir dennoch nicht bewusst war. Als ich begriff, dass viele der Dämonen unbewusste Verhaltensmuster waren, die ich einfach abspulte, ohne darüber nachzudenken, konnte ich mich von ihnen befreien.

Ein Beispiel: Wenn mich negative Emotionen überkamen, verurteilte ich mich dafür, dass ich mich nicht genug zusammenriss oder scheinbar ein Aggressionsproblem hatte. Jetzt weiß ich, dass es normal ist, negative Emotionen zu leben, aber vor allem: wichtig!

Ein Moment, der mich heute noch zusammenzucken lässt, wenn ich daran zurückdenke, waren die Fahrstunden bei meinem übergriffigen Fahrlehrer, der mir im Auto ständig das Knie tätschelte, wenn ich etwas richtig oder besonders gut gemacht hatte. Ich erzählte es zu Hause, und es wurde abgetan. Der sei halt schon immer so gewesen und das Ganze ein offenes Geheimnis. »Der meint das nicht so, man kennt ihn in unserer kleinen Stadt, der ist eigentlich ein Netter.«

Was ich aus der Erfahrung mitnahm, war, dass es schon okay ist, wenn fremde, ältere Männer mir das Knie tätscheln. Das gefiel mir nicht, und es endete damit, dass ich mich Jahre später zur Wehr setzte, indem ich mit Mitte Zwanzig bei dem einen oder anderen fragwürdigen Promo-Job sehr direkt auf das ekelhafte Anmachen und die primitiven Flirtereien der sabbernden Vertreter des männlichen Geschlechts reagierte. Ich sagte ihnen energisch meine Meinung und hatte nicht viel mehr als Verachtung für sie übrig. Es zeigte Wirkung, bei einigen. Zumindest gehe ich davon aus, denn manche von ihnen kamen später noch mal zu mir. Dieses Mal mit gesenktem Blick und eine Entschuldigung vor sich hin stammelnd. Die Kolleg*innen, die mich vorher hatten zurechtweisen wollen, staunten auf einmal nicht schlecht und begriffen, was ich versuchte zu vermitteln: Wenn wir die Menschen auf ihr Scheiß-Verhalten nicht hinweisen, ändert sich auch nichts.

Was das alles mit Konsens zu tun hat? Ganz einfach: Wenn wir nie wirklich vermittelt bekommen haben, was es heißt, Grenzen zu setzen, weil es jemand anderen vor den Kopf stoßen könnte – wie sollen wir dann lernen, für uns einzustehen? Richtig, wird schwierig. Mir ist bewusst, dass nicht jede*r den Weg der Rebellion wählt und, wenn auch verspätet, zurückschießt. Dafür spielen einfach zu viele Faktoren eine Rolle. Meine Grenzen habe ich eine Zeit lang, nach einer traumatisierenden Beziehungserfahrung und dem darauffolgenden Umzug in eine andere Stadt, lautstark gesetzt. Im Nachhinein betrachtet hat mir das ganz schön geholfen und viel Selbstbewusstsein mitgegeben, da ich wusste, dass ich für mich einstehen und mich wehren konnte. So dumm es klingt: Grenzen setzen will gelernt sein. Es ist ein ständiger Prozess. Niemand kommt auf die Welt und kann problemlos für sich einstehen. Es wäre vermessen, das zu behaupten. Und nicht jede*r hat eben das Glück, eine gesunde Portion Selbstbewusstsein, Schlagfertigkeit und Präsenz mit auf den Weg zu bekommen, die im Alltag nun mal nötig ist, um sich durchzusetzen und nicht überhört zu werden. Etwas, das uns eint: Wir alle wollen uns gehört fühlen.

Doppelte Vorbildfunktion: Vaterrolle

Wenn ich an die Beziehung zu meinem Vater denke, wird mir immer mehr bewusst, wie sehr sein Vorbild für meinen Lebensweg und für viele Entscheidungen, verantwortlich ist. Während ich mich von meiner Mutter in manchen Momenten zurechtgewiesen und unverstanden fühlte, brachte mein Vater meiner wilden, »wenig fraulichen« Seite immer viel Sympathie und volles Verständnis entgegen – Vorsicht: Ironie! Ich spreche bewusst in Stereotypen. Natürlich können Frauen wild sein. Mein Vater bestärkte mich jedenfalls und grinste stolz, wenn ich ihm erzählte, dass ich mir mal wieder nichts hatte sagen lassen. Von ihm habe ich meine Neugier, Diskussionsfreude und Selbstständigkeit geerbt, aber eben auch die Sturheit, und wir sind beide gleichermaßen rechthaberisch.

Sehr zum Leidwesen meiner Schwester und Mutter, die sich einige hitzige Debatten am Abendbrottisch geben mussten. Ich fühlte mich in diesen Momenten unglaublich bestärkt, und so kam es, dass ich mich in der Schulzeit in Jungs-Gruppen oftmals wohler und akzeptierter fühlte. Aber natürlich gab es auch in der Beziehung zu meinem Vater prägende

Momente, die sich nachhaltig und nachteilig auf meine intimen Beziehungen zum männlichen Geschlecht auswirken sollten. Wie bereits erwähnt, diskutierten mein Vater und ich viel – mal mehr, mal weniger konstruktiv. Aber eines war Gesetz: Am Ende bestimmte immer er die Regeln. Zur Not auch lauthals, wenn ich es mal wieder geschafft hatte, ihn so sehr in Rage zu bringen, dass er auf den Tisch haute und seine Position als Ernährer und Versorger der Familie deutlich machte. Demnach hätte er das letzte Wort. Punkt. Ich entzog mich in solchen Momenten der Situation, ging in mein Zimmer, schloss ab und hörte laut Musik.

Meine zukünftigen Partner sollten alle eins gemeinsam haben: Sie waren ähnlich geduldig, aber explodierten am selben Punkt wie mein Vater es eben immer getan hatte. Wenn ich mal wieder nicht lockerließ und immer weiter diskutierte, fingen sie irgendwann an, mich anzuschreien. Das zeigte seine Wirkung, denn ich war sofort eingeschüchtert und fühlte mich wieder wie damals am Abendbrottisch. Zwar schlugen sie nicht mit der Faust auf den Tisch, aber dafür das eine oder andere Mal gegen die Wand. Auch jetzt noch entzog ich mich der Situation und ging spazieren, mit Musik auf den Ohren – natürlich. Erlernte Verhaltensmuster eben.

Das mag jetzt vielleicht wenig überraschend kommen, aber Emotionen zu fühlen/auszudrücken, lernte ich in erster Linie von meinem Vater. Ich kann mich an viele Momente erinnern, in denen er weinte, oder auch mal schrie. Meine Mutter hingegen habe ich bis heute nicht einmal in Rage erlebt und sehr selten weinen sehen. Das entspricht ziemlich genau dem gesellschaftlichen Klischee der Frau, die keine negativen Emotionen, wie zum Beispiel Wut, ausleben sollte. Allerdings lernte ich auch Trauer von meinem Vater. Seine Tränen sind mir in Erinnerung geblieben, denn er schämte sich nicht für sie. Meine Mutter hingegen erzählte immer nur im Nachhinein, wie sehr sie sich sorgen würde. Als älteste Tochter bekam ich mehr Verantwortung übertragen und erinnere mich auch noch an Sätze wie: »Wir beide müssen jetzt für alle stark sein«, die mein Vater mal in dem Wortlaut, mal etwas abgeändert formulierte. Auch er war der Älteste zu Hause gewesen und meine Mutter ebenso wie meine Schwester das Nesthäkchen.

Witzig, wie wir die Rollen spiegelten und wie ähnlich mein Vater und ich, aber auch meine Mutter und meine Schwester sich lange Zeit waren. Den Appell, die Starke sein zu müssen, habe ich mir gemerkt, und ich behaupte mal, dass das in den folgenden Jahren Ursache und Auslöser für einige meiner Krisen war. Ich versuchte zu oft, stark zu sein, und überschritt bewusst meine physischen sowie psychischen Grenzen. In vielen Momenten haben Freund*innen, aber auch Partner*innen, Hilfe angeboten, die ich dankend, aber vehement, ablehnte.

Nach Hilfe zu fragen, kam mir gar nicht erst in den Sinn. Lieber erzählte ich allen, wie tough ich war und wie wenig mir die Dinge ausmachten, überspielte es mit Sarkasmus, Ironie und einer gewissen Überdrehtheit, die mir kurz darauf zum Verhängnis werden sollte. Das eine oder andere Mal setzte mein Körper dann eine Grenze und versagte. Ich weiß gar nicht mehr genau, wie oft ich wegen Rückenproblemen oder echt ungeschickten Unfällen in der Notaufnahme landete. Ein dauerverspannter Nacken und phasenweise richtig zehrende Schlafstörungen wurden meine ständigen Begleiter. Gerade in jungen Jahren wurde ich öfter von Bauchschmerzen geplagt. Alles Stresssymptome – abgesehen von den Unfällen. Die waren einfach dumm und sind rückblickend betrachtet erschreckend oft im Partykontext passiert.

Während des Studiums beneidete ich an meinem weiblichen Umfeld ihre Authentizität, dass sie sich erlaubten, Emotionen zu zeigen und eben nicht die Starke spielten; dass sie keine Angst davor hatten, Schwächen preiszugeben, weil sie sie eben nicht als Schwächen titulierten, sondern als menschlich. Sie waren weniger von Stresssymptomen geplagt und strahlten dadurch eine Leichtigkeit aus, die mir oftmals fehlte. Die ganze Zeit stark sein zu wollen und Maske zu tragen ist eben ganz schön anstrengend auf die Dauer.

Mittlerweile ist das nicht mehr so. Das Einzige, was geblieben ist, sind meine Schlafprobleme. Die quälen mich nun seit circa elf Jahren immer mal wieder, phasenweise besonders stark. Angefangen hat es während des Studiums, als ich die nächtlichen Wachzeiten dazu nutzte, für die Uni zu lernen oder alles zu erledigen, was uns aufgetragen wurde. Bis heute neige ich dazu, emotionalen Stress mit Leistung zu kompensieren und einfach viel zu arbeiten. Warum? Weil ich so das Gefühl habe, die Kontrolle wiederzugewinnen und nicht in Selbstzweifeln zu zergehen. Schließlich habe ich etwas geschafft – oder geschaffen. Und weil mein Vater mir immer wieder demonstrierte, wie viel er erreicht hatte, indem er auf die Urkunden, Auszeichnungen und Diplome verwies, die in seinem Arbeitszimmer hingen. Das Gefühl, etwas Besonderes leisten zu müssen, um Anerkennung zu erhalten, manifestierte sich bei mir also bereits in frühen Jahren. Dass er das bewusst getan hat, würde ich ihm niemals unterstellen, denn er hat es ja selbst in seiner Kindheit so vorgelebt bekommen und das Erlernte, in dem Fall an mich, weitergegeben.

Mittlerweile kenne ich meine Grenzen und nehme mir bewusst Auszeiten, in denen ich nicht erreichbar und in erster Linie allein bin. Soziale Interaktionen empfinde ich teilweise als ebenso zehrend wie bereichernd. Es hat einige Zeit gedauert, bis ich meine Grenzen kennen und kommunizieren lernte. Zu oft hatte ich mich früher zum Bleiben überreden lassen, saß am Ende des Abends mit Fluchtplänen beschäftigt am Tisch und bekam nicht viel mehr als ein aufmerksames Nicken zustande. Was ich damit sagen will: Grenzen setzen zieht sich durch alle Bereiche. Wenn ich im Alltag schon vieles mit mir machen oder mich überreden lasse, werde ich das wahrscheinlich auch im Bett tun. Für sich einzustehen, fängt bereits im Kleinen an. Nur, wenn ich meine Bedürfnisse kenne und sie kommuniziere, kann mein Umfeld adäquat darauf reagieren. Natürlich sind unsere Mitmenschen bis zu einem gewissen Teil mit verantwortlich, auf Körpersprache oder andere Signale zu achten, aber wir können ihnen dabei helfen, indem wir uns zugänglich und authentisch zeigen.

Identifikation und Abgrenzung: Wer bin ich und was darf ich fühlen?

Es ist schon verblüffend, wie sehr uns unsere ersten Jahre prägen, obgleich wir uns nicht mehr an sie erinnern können. Höchstens an den ein oder anderen einschneidenden Moment. Mein Therapeut fragte mich mal, ob ich ihm sagen könnte, welche meine früheste Kindheitserinnerung sei. Ich erinnerte mich an einen Moment, als ich mit meiner Mutter meine Oma im Krankenhaus besuchte, nachdem sie an der Schilddrüse operiert worden war. Der Verband, den sie um den Hals trug, ist mir bis heute in Erinnerung geblieben, und auch der Gedanke, den ich damals hatte: »Wurde Omas Kopf einmal abgetrennt und wieder angenäht?« Nachdem ich meine Mutter fragte, wann das wohl gewesen sei, antwortete sie überrascht, dass ich damals höchstens zwei

Jahre alt gewesen sei. Krass! Dennoch ist dieser Moment ultrapräsent in meiner Erinnerung.

Es ist also wenig verwunderlich, dass wir bereits in den ersten Jahren nachhaltig geprägt werden. Das passiert vor allem dann, wenn frühkindliche narzisstische Bedürfnisse unbefriedigt bleiben. Aus diesem Schmerz entstehen Wunden, die nicht heilen. Aber es gibt dennoch Hoffnung, zumal daraus resultierende Wut und Schmerz in »konstruktivere Formen des Narzissmus« umgesetzt werden können. Was damit gemeint ist? Humor, Kreativität, Verschmelzung mit der Natur und Meditation sind einige Beispiele hierfür.[4]

Ich selbst finde mich in einem kreativen Beruf mit Helferinnen-Aspekt wieder. Als Aktivistin und Autorin setzte ich mich für Randgruppen ein und erfahre dadurch Gutes als auch Schlechtes. Das schöne Feedback, das mich immer wieder erreicht, zeigt mit außerdem, wie sehr meine Worte anderen Menschen helfen (können). Natürlich ziehe ich daraus Bestätigung, natürlich fühlt sich mein Ego dadurch geschmeichelt. Manchmal vielleicht mehr, als ich es mir eingestehen will und es gesund ist. Im Privaten fiel und fällt es mir immer noch teilweise schwer, mich von Leid abzugrenzen. Es hat schon einen Grund, warum Freund*innen sich gerade in Krisen schnell und manchmal sogar als Erstes an mich wenden. Auch wenn ich hier und da an meiner Art, Ratschläge zu kommunizieren, arbeiten muss, wissen sie, dass sie bei mir immer ein offenes Ohr finden und eine ordentliche Portion Mitgefühl – in Form von Worten oder Taten.

Zugegeben – Berührungen fallen mir schwer. Ich überzeuge am Ende meistens durch Taten, die folgen. Oder helfe mit unterstützenden, aufbauenden Worten, ohne dabei auf klare, ehrliche, (manchmal zu) direkte konstruktive Kritik zu verzichten. Ja, auch Honig ums Maul zu schmieren fällt mir schwer – sehr sogar. Ich mag es im Gegenzug aber auch nicht besonders gern, wenn das jemand bei mir versucht. Woran das genau liegt, weiß ich nicht. Aber ich fühle mich dann meistens nicht ernst genommen oder habe das Gefühl, mein Gegenüber verfolgt ein bestimmtes Ziel und versucht, meine Reaktion positiv zu beeinflussen, mich zu manipulieren.

Misstrauen, noch so ein Thema. Wie misstrauisch ich wirklich bin, war mir lange nicht bewusst. Erst, als mein Therapeut mich darauf hinwies und mir zudem sagte, wie verschlossen ich wirke und zugleich unglaublich offen kommuniziere. Ambivalente Signale sende ich laut seinen Aussagen, und das verwirrt mein Umfeld, weswegen man mich eher als stark und unnahbar wahrnimmt. Die geborene Helferin, die ihre Bedürfnisse zurückstellt und andere von ihren misstrauischen Gedankengängen profitieren lässt. Warum? Weil ich die Freundin bin, die mit dir jedes Szenario durchspielt und Menschen sehr genau beobachtet, sodass viele meiner Aussagen in der Vergangenheit erschreckend viel Wahrheitsgehalt mit sich gebracht haben. Inwiefern ich den Ausgang der Situationen durch mein Misstrauen beeinflusst habe, sei mal dahingestellt.

Die selbsterfüllende Prophezeiung wird wohl einigen ein Begriff sein, und wenn nicht, dann ist das spätestens nach dem Lesen dieses Buches der Fall. Am Ende geht es dabei um Kontrolle; darum, die Kontrolle zu wahren. Auf das kurze Überlegenheitsgefühl, die »anderen« zu durchschauen, folgt meist schnell die Einsicht, lediglich ein kleiner Kontrolletti zu sein, der*die auf alles vorbereitet sein will.

Eine passende Geschichte an der Stelle: Einmal, ich meine, es war bei einem Shooting, wurde mir gesagt, dass ich wie eine Amazone aussehen würde: groß, sportlich, dunkle Haare, dunklerer Teint, helle Augen, sehr aufrechte Haltung und wachsamer Blick. Im ersten Moment habe ich mich darüber gefreut, warum auch nicht? Außerdem hatte mein Vater mich früher zu meiner Belustigung Ronja Räubertochter genannt, weil ich meine frühe Kindheit zum großen Teil im Wald verbrachte, denn ich liebte die Natur. Daher hatte ich erstmal keine negativen Assoziationen mit dem, wie ich fand, echt coolen Vergleich.

Mein Therapeut war es, der das Thema in einer Sitzung aufgriff und mir jegliche Illusion nahm, denn er verband mit dem Begriff einen Menschen, der stets auf Verteidigung und Schutz aus ist; immer wachsam, bereit für einen Angriff. Joah, das klang auf jeden Fall weitaus realistischer als meine frühkindlich verklärte Assoziation. Ich war nicht frei und wild, sondern (von meinen Ängsten) kontrolliert und angespannt. Diese Pille musste ich erstmal schlucken. Aber das war gut, denn das alles lehrte mich, dass ich nicht wirklich ein Problem damit hatte, mich von anderen abzugrenzen. Im Gegenteil: Ich grenzte mich durch mein Verhalten selbst so sehr ab, dass ich den Kontakt zu Partner*innen und Freund*innen zeitweise verlor. Ich sah sie in meiner Gegenwart, aber ich spürte sie nicht neben mir. Wirkliche Intimität blieb mir dadurch längere Zeit vorenthalten, denn ich achtete immer darauf, bloß nicht abhängig zu werden, und sicherte mir die dominante Position in der Beziehung mit aller Kraft – zumindest außerhalb des Bettes.

Wer immer der*die Stärkere sein will, lässt keine Schwächen zu. Das ist wenig menschlich und vor allem nicht nahbar. Mir war nicht bewusst, wie viel ich damit oftmals bereits unbewusst kaputt machte oder, anders ausgedrückt, dass ich es zuließ, dass sich negative Dynamiken manifestierten. Meine Partner*innen warfen mir oft vor, nicht wirklich bei ihnen zu sein, sie fühlten sich weder gebraucht noch zu jeder Zeit begehrt. Es stimmt, denn es ist öfter vorgekommen, dass ich mich innerhalb romantischer Beziehungen sprachlos wiederfand. Mir fehlten die Worte, ich ergriff die Flucht oder entzog mich Situationen im falschen Moment. Nämlich dann, wenn es anfing weh zu tun. Gleichzeitig fühlen, denken und sprechen überforderte mich lange Zeit sehr. Ich hatte nicht gelernt, mit Konflikten und Streitereien umzugehen. Ich erlebte meine Eltern nie, wenn sie sich stritten.

Meine Mutter wiegelte bei Diskussionen sofort ab, wenn ich die Stimme erhob. Viele Themen wurden angeschnitten und nie wirklich geklärt. Irgendwann verfestigte sich in mir das Bild, dass ich einfach nicht liebenswert sei, wenn ich nicht funktionierte. Es ist mir wichtig, an der Stelle festzuhalten, dass mir das so nie gesagt wurde, aber es fühlte sich eben genau so an. Viele Fragen blieben unbeantwortet, viele Gefühle bekamen kein Ventil. Selbst heute brauche ich manchmal noch lang, um mir darüber bewusst zu werden, was ich eigentlich wirklich fühle, wenn mich die Emotionen überkommen. Im ersten Moment fühle ich mich dann wieder wie zehn und empfinde eine Haltlosigkeit, Ohnmacht und Leere, die mir Angst einjagt und mich nervös werden lässt. Aber ich renne nicht mehr davor weg, ich höre in mich hinein, ich verurteile mich nicht für diese Gefühle. Erst recht nicht, wenn ich sie noch nicht mal wirklich benennen kann.

Das war ein kleiner wichtiger Exkurs an dieser Stelle. Was ich damit eigentlich sagen will: Wenn wir nie richtig gelernt haben, zu streiten oder Konflikte zu lösen; wenn wir das Gefühl haben, nicht »richtig« zu sein oder nicht zu »funktionieren«, nur weil wir negative Gefühle wie Aggressionen, Neid, Bedürftigkeit oder Unsicherheit verspüren; oder wenn wir ständig unsere Bedürfnisse zurückstellen, weil wir es durch unsere Bezugspersonen so vermittelt bekommen haben, dann hat das bereits einen massiven Einfluss auf all unsere zukünftigen Beziehungen. Egal, ob freundschaftlich oder romantisch, der Konflikt bleibt der gleiche: Verhinderung von Intimität und Gegenseitigkeit, aus Angst vor altem Schmerz, der wieder aufkeimen könnte. Alter Schmerz in Form von Gefühlen der Ablehnung, die, meiner Meinung nach, schlimmsten Gefühle. Niemand will sich abgelehnt fühlen. Und das liegt nicht nur daran, dass Ablehnung das Gegenteil von Anerkennung ist, denn wer sich abgelehnt fühlt, stellt sein eigenes Zugehörigkeitsgefühl infrage, und das kann, wenn es über einen längeren Zeitraum geschieht, zu Identitätskonflikten führen.

Die eigene Identität wird dabei immer wieder infrage gestellt. Zumindest ging es mir so, wenn ich mich mal wieder »falsch« fühlte, und alle Schuld schnell auf mich nahm, nur um Frieden zu stiften – oder im Gegenteil, wenn ich so lange wachsam diskutierte und manipulierte, bis ich mich von jeglicher Schuld entledigt fühlte. Beide Wege hatten am Ende eins gemeinsam: Sie waren falsch.

Identifikations- und Abgrenzungskonflikte begleiten uns ein Leben lang. Gerade im familiären Kontext können sie sehr schmerzvoll sein. Nicht zuletzt, weil Schuldgefühle hier eine besonders tragende Rolle spielen – auf beiden Seiten. Besonders zum Vorschein kommen diese, wenn es um Themen wie Enkelkinder, Outing, berufliches Versagen oder die Pflege der Eltern im Alter geht. Wie viele Töchter fühlen sich verantwortlich, ihren Eltern Enkel*innen zu schenken, und wie viele Söhne zerbrechen an den beruflichen Idealen, die ihr eigener Vater ihnen auferlegt oder vorgelebt hat? Das sind nur zwei auf Geschlechterrollen gemünzte Beispiele. Stefanie Flamm schreibt in ihrem Artikel »Was schulden wir unseren Eltern?« von der Forderung der Aufklärung,

»dass Eltern nicht über ihre Kinder verfügen sollen, weil Kinder naturgemäß keine Gelegenheit haben, einem möglichen Abhängigkeitsverhältnis zuzustimmen.«[5] Eine Pflicht existiert, laut Immanuel Kant, allein bei den Eltern, und das Einzige, was sie von ihren Nachkommen zu erwarten hätten, sei Dankbarkeit.[6]

An manchem Morgen, wenn ich mich an die Arbeit zu diesem Buch machte, musste ich grinsen. Grinsen über die Ironie des Schicksals, dass ich jetzt ein Buch über Grenzen – und wie man sie erkennt, kommuniziert, aufrechterhält – schrieb. Das Thema zieht sich bis dato durch mein Leben wie kein anderes. Wobei, das stimmt auch nicht so recht, Balance halten ist ein weiteres. Aber letztlich haben die beiden Themen mehr miteinander zu tun, als sie vielleicht auf den ersten Blick den Anschein erwecken mögen. Schließlich hat ein Leben in Extremen in einigen Fällen seinen Ursprung in einer unterdrückten Bedürfnislage. Ein Beispiel: Wenn ich mich unter der Woche immer super diszipliniert verhalte, krampfhaft an einem Fitness- und/oder Ernährungsplan festhalte und mir wenig, ich nenne es mal Schabernack, erlaube, dann ist die Chance groß, dass ich am Wochenende alles nachhole und völlig über die Stränge schlage. Da fallen mir direkt eine Menge Personen ein, mich inbegriffen, die diesem Lifestyle lange Zeit während des Studiums oder in den ersten Berufsjahren gefrönt haben. Warum auch nicht? Gerade in jungen Jahren verzeiht der Körper einem allerhand. Irgendwann kommt dann der Moment, in dem ich merkte, dass ich doch nicht unsterblich bin. Und das ist auch gut so.

Es gibt aber auch traumatische Erlebnisse, nicht nur in der frühen Kindheit, oder durch andere in Form von (sexueller) Gewalt, die dazu führen können, dass wir uns in unserer Wahrnehmung getrübt fühlen und uns ratlos mit unseren Gefühlen zurücklassen. Gaslightning durch Partner*innen oder Freund*innen ist ein Beispiel dafür, und darauf werde ich im sechsten Kapitel noch genauer eingehen.

Vorher möchte ich aber noch eine Sache aus meinem Leben erzählen, die ich selbst erst rückblickend viele Jahre später als Ursache oder besser gesagt Quelle für extreme Gefühle der Einsamkeit, Leere und Ohnmacht identifizieren konnte. Als ich circa dreizehn Jahre alt war, fing es langsam an, dass ich jeden Tag Schmerzen in der rechten Schulter, im rechten Arm, verspürte. Es war jeden Tag das gleiche Prinzip, mal mehr, mal weniger schlimm. Egal, ob ich lange saß, ging, stand oder lag, es dauerte meist nur eine gewisse Zeit, bis ich ein Stechen im rechten Schulterblatt verspürte. Irgendwann nahm es mir die Luft zum Atmen, weil ich jedes Mal, wenn ich tief einatmete, ein immer stärkeres Stechen bis in den Brustkorb verspürte. Daraufhin erstreckte sich ein Taubheitsgefühl langsam von meiner Schulter bis in meine Hand, bis in die Fingerspitzen. Mein rechter Ring- und Zeigefinger fingen irgendwann an zu krampfen. In der Schule musste ich dann meist den Stift niederlegen; beim Sport eine Pause machen; mich hinlegen; mich hin- und herwälzen, bis ich irgendwann vor Schmerz und Erschöpfung einschlief.

Ich ging zu vielen Ärzten. Keiner hatte eine wirkliche Diagnose für mich, dafür einige absurde Theorien. Ich war erst dreizehn und wehrte mich dennoch gegen einen Therapievorschlag, künstliches Gelenkfett gespritzt zu bekommen. Schließlich war nicht einmal sicher, dass es am Gelenkverschleiß lag. Am Ende waren sie sich einig: Ich war selbst schuld – meine Haltung fehlerhaft, meine Schulter- und Nackenmuskulatur zu wenig trainiert. Einmal durfte ich mir sogar anhören, ich würde simulieren, weil meine »Symptome nicht zusammenpassen«

würden . Ach so! Entschuldigung, Herr Doktor, ich wollte mit meinem Leid keineswegs Ihr Unwissen zur Schau stellen.

Fortan trainierte ich viel mit Gewichten und ignorierte die Ohnmachtsgefühle, wenn der Schmerz trotz Tabletten von meiner rechten Oberkörperhälfte Besitz ergriff. Mein rechter Arm hing die meiste Zeit mehr taub als lebendig an meinem Körper herab, und so kam es, dass ich bereits früh lernte, vieles auch mit links zu tun: schreiben, schneiden, werfen etwa. Nach der Schule redete ich kaum beim Essen, zu groß waren die Schmerzen vom stundenlangen Sitzen auf den grausamen Holzstühlen. Ohne zu kauen verschlang ich mein Essen, verabschiedete mich direkt ins Bett und schlief erschöpft bis nachmittags ein.

Es vergingen fünf Jahre und viele fiese Momente, in denen ich mich weder ernst genommen noch gehört oder verstanden fühlte, bis meine Oma mir erzählte, dass ein Schulterspezialist aus den Niederlanden an einem Krankenhaus in der Nähe zu Besuch sei. Wir besorgten mir direkt einen Termin und fuhren ein paar Wochen darauf zusammen mit meiner Mutter in seine Sprechstunde. Er hörte mir zu, er nahm mich ernst. Er schüttelte nicht den Kopf, er rollte nicht mit den Augen. Es dauerte keine zwanzig Minuten, und er schickte mich zum Röntgen. Als wir das Ergebnis gemeinsam betrachteten, brauchte er gar nicht viel zu sagen, ich sah es selbst, und zwar sofort: Ich hatte eine Rippe zu viel – auf der rechten Seite. Am Hals, da wo eigentlich keine mehr sein sollte – eine Halsrippe. Er hatte die Vermutung bereits, kurz nachdem ich ihm meine Symptome schilderte, gehabt. Er bat mich, mich auf den Rücken zu legen und meinen rechten Arm nach oben auszustrecken. Kurze Zeit später strich er über Handrücken und -innenfläche und fragte mich, ob ich ein Taubheitsgefühl verspüre. Ich sagte ja, und dann erklärte er mir, woher meine Schmerzen, Krämpfe in der Hand und Taubheitsgefühle im Arm kamen.

Die Rippe drückte auf meine Nerven und die Halsschlagader. Es war zu wenig Platz in meinem »Schulterkanal«. Ich hätte mich also dumm und dämlich trainieren können; sie hätten mir ohne Ende künstliches Gelenkfett spritzen können, es hätte nichts gebracht – außer mein Gewebe zerstört oder mir ohne Ende Schmerzen beim Trainieren beschert. Mein Gefühl war also damals bereits richtig gewesen: sie hatten keine Ahnung. Aber schlimmer noch: Sie taten nicht mal alles, um mir zu helfen. Seien wir mal ehrlich, wieso kam in den sechs Jahren keiner auf die Idee, einfach ein Röntgenbild meiner Schulter anzuweisen?

Auch wenn ich dazu sagen muss, dass dieses sogenannte Halsrippensyndrom extrem selten ist. Ein Prozent der Weltbevölkerung hat es und gerade mal zehn Prozent der Betroffenen haben Beschwerden. Wie unpassend-passend der reflexartige Ausruf meiner Mutter in dem Moment der Diagnose war: »Guck, ich wusste es, du bist eben etwas ganz Besonderes«.

Die Konsequenz der jahrelangen Tortur? Ich bereite mich auf jeden Ärzt*innen-Besuch vor. Ich weiß im Vorhinein, wonach sie schauen und was sie mir verschreiben sollen. Ich empfinde mich selbst als sehr fordernd und habe auch schon das Feedback von meinem Hausarzt bekommen, dass ich weniger misstrauisch sein, mehr vertrauen soll. Schwierig, wenn man jahrelang darum kämpfen musste, gehört zu werden. Aber ich gebe mir Mühe.

Was ich mit der Geschichte sagen will? Es hat insgesamt sechs Jahre gedauert, bis ich operiert und von den täglichen Schmerzen erlöst wurde. Bis dahin wurde meine Wahrnehmung immer wieder verzerrt; mir mein Leid abgesprochen; meine Symptome nicht ernst genommen;

ich wurde in einigen Momenten als Zimperliese und wehleidiges Etwas betitelt. Das hat Spuren hinterlassen, tiefe Spuren. Dass ich am Ende Recht behalten und wirklich ein Problem haben sollte, war nicht das, was ich mir erhofft hatte, dennoch fühlte ich mich nach der Diagnose unglaublich erleichtert.

Mir wurde direkt gesagt, dass die Operation gefährlich werden würde und der Eingriff keine Routine sei. Das machte mir Angst, keine Frage, sehr große Angst sogar. Die erste Operation wurde abgesagt, denn der Chefarzt kapitulierte einen Abend vorher. Ja, er kapitulierte. Er kam aufgeregt an mein Krankenhausbett und teilte mir persönlich mit, dass die Operation abgesagt wurde, weil man ihn zu wenig im Vorfeld informiert hatte und er sich diesen Eingriff keineswegs zutrauen würde. Immerhin ehrlich – dafür bin ich ihm sehr dankbar.

Ein Jahr später saß ich wieder in der Uniklinik und wurde jeden Tag von fünfzehn bis siebzehn (ich habe sie gezählt) Assistenzärzt*innen und Student*innen wie ein Tier im Zoo angegafft. Und das, obwohl man mir von außen gar nichts angesehen hat. Aber es war eben ein seltener Eingriff, ein besonderes Ereignis. Einer entschied sich sogar, seine Doktorarbeit über mich, äh, meinen Befund, zu schreiben.

Für mich war die OP ein im doppelten Sinne des Wortes krasser Einschnitt in mein Leben. Ich hatte nun Klarheit und keine Schmerzen mehr. Und habe meinen ersten legalen Trip erlebt. Nachts im Krankenhaus, als die Schmerzen mich nicht schlafen ließen und jegliche Zugänge zerstochen und unbrauchbar waren (ja, ich weiß, die Uniklinik ist ein Lehrkrankenhaus, war trotzdem eher so semi-angenehm), verabreichte der Nachtpfleger mir einen Schuss pures Morphin direkt in den Bauch. Ich erinnere mich noch, wie er sagte »Dann machen wir das jetzt halt so, aber verrat's keinem. Auf so einen geilen Trip wirst du niemals auf illegalem Wege kommen.« Er sollte Recht behalten. Aber dazu später mehr.

Am letzten Tag meines Klinikaufenthalts kam eine Physiotherapeutin und wollte mich dazu bewegen, mit ihr ein paar Treppen zu laufen, damit mein Kreislauf in Schwung komme, sie meine Haltung überprüfen und mir Übungen für die Nachsorge erklären könne. Ich sagte ihr, dass ich mich nicht imstande dazu fühle. Ich war zu schlapp und hatte Schmerzen. Sie ignorierte es und forderte mich auf, ihr zu folgen. Ich gab nach, und nach nur wenigen Schritten im Treppenhaus brach ich zusammen und übergab mich. Zwei Pfleger eilten herbei und hoben mich in einen Rollstuhl. Wieder mal wurden meine Worte nicht ernst genommen. Mir tat die Reinigungskraft leid, die das alles aufwischen musste. Zurück im Zimmer war schnell klar, warum die Physiotherapeutin vorher so einen Druck gemacht hatte. Das Bett wurde bereits ausgetauscht und auch das Bad war fast fertig geputzt. Schade, denn es dauerte keine fünf Minuten, und ich musste mich erneut übergeben. All die Mühe umsonst!

Die Uniklinik war nicht gerade um die Ecke, und bis meine Mutter mich abholte, saß ich draußen auf der Terrasse und konzentrierte mich auf meinen Atem, zählte die Atemzüge. Es war Dezember, die Temperaturen lagen bei etwa fünf Grad. Echt blöd dieser Bettenmangel. Aber die klare Luft war schön, und, zugegeben, die Übelkeit für eine kurze Zeit verflogen.

Als Andenken an die sechs Jahre habe ich, neben einer Fehlhaltung (ich stehe niemals gerade) und einem Loch im Brustkorb (mir wurde am Ende die erste Rippe entfernt, alles andere wäre zu gefährlich gewesen), das Gefühl behalten, dass ich meine negativen Gefühle besonders energisch und laut kommunizieren muss, weil mir eventuell nicht geglaubt werden könnte. Auf Sätze wie »Reiß dich mal zusammen« (der kam damals sehr oft aus meinem Umfeld) reagiere ich extrem allergisch und rebellisch, auch wenn der Spruch in manchen Momenten sicherlich eine Berechtigung hat, nicht nur der gesellschaftlichen Etikette, sondern auch des allgemeinen Friedens wegen.

Heimtückisches Helfersyndrom: Helfen, um geholfen zu werden

Lange dachte ich, mein Helfersyndrom sei etwas Gutes, und es würde hervorheben, wie sehr und gern ich mich um andere sorge. Irgendwann begriff ich dann, dass es hierbei eigentlich nicht um die anderen ging, zumindest nicht in erster Linie, sondern um mich. Um die Unfähigkeit, meine Bedürfnisse auszudrücken, und sie demnach auf andere zu projizieren. Fremde Sorgen lösen immerhin keinen direkten Schmerz aus, auch, wenn man Empathie zeigt und mitfühlt. Aber Empathie bedeutet eben auch abgrenzen. Das ist sogar das Stichwort. Denn wer sich bei allem Mitgefühl nicht abgrenzt, muss sich früher oder später mit den Problemen anderer und zudem mit seinen eigenen unterdrückten Bedürfnissen und Dämonen herumschlagen. Manchmal ist es gar nicht so leicht, die Bedürfnisse zu benennen, die Dämonen zu identifizieren – je nachdem, wie lange die Verdrängung schon andauert. In der Seele zu wühlen kann zehrend sein. Aber Gefühle lösen sich nicht auf, wenn wir sie ignorieren. Im Gegenteil: Sie maskieren sich. Sie erscheinen auf einmal nachts in Albträumen oder machen uns den Alltag schwer, in Form von nervöser Unruhe oder Angstzuständen, Verunsicherung, Überforderung oder aber körperlichen Stresssymptomen wie beispielsweise Nackenverspannungen, Rücken-, Kopf- oder Magenschmerzen.

Wolfgang Schmidbauer definiert das Helfersyndrom »als eine Verbindung charakteristischer Persönlichkeitsmerkmale, durch die soziale Hilfe auf Kosten der eigenen Entwicklung zu einer starren Lebensform gemacht wird«.[7] Was das heißt? Ein kritisches, bösartiges Über-Ich gepaart mit einem hohen Ich-Ideal. Was das zur Folge hat? Die eigene Hilfsbedürftigkeit und die eigenen Schwächen werden verleugnet sowie Gegenseitigkeit und Intimität in Beziehungen vermieden.[8] Wer kennt es nicht? Menschen, die gerne helfen, können im Gegenzug meistens nicht gut um Hilfe bitten. Mir geht es auf jeden Fall so, und mir fallen direkt drei gute Freund*innen ein, denen es ähnlich geht. Es ist schon spannend, wenn ich so daran denke, dass es oftmals die Menschen sind, die den größten Schmerz in ihren Augen tragen, die sich als Helfer*innen bezeichnen – obwohl eigentlich sie es sind, die gerettet werden wollen. Daher connecten sie auch schnell mit den dunklen Gefühlen der Betroffenen und unterstützen sie darin, ihr Leid auszudrücken, in der Hoffnung, dadurch selbst zu heilen.

Wie ich darauf komme? Ich bin selbst dieser Mensch. Dieser Mensch, bei dem sich alle schnell verstanden und gut aufgehoben fühlen. Ich selbst fühle mich in den seltensten Fällen gut aufgehoben. Dafür meistens sehr erschöpft und manchmal einfach nur sauer über so viel Ungerechtigkeit auf der Welt; die anderen widerfährt – die mir widerfährt. Aber widerfährt sie mir wirklich? Oder behandele ich mich am Ende einfach nur ungerecht? Immerhin habe ich, in den meisten Fällen, die Wahl, mich einer Situation zu entziehen. Ob ich mich also entscheide, den Ärger oder Kummer anzunehmen, liegt allein bei mir. Es ist auch nicht egoistisch, Menschen Grenzen aufzuzeigen. Ob ich meine Bedürfnisse zurückstelle oder nicht, liegt ebenfalls allein an mir. Das musste ich mir auch erst einmal eingestehen und, zugegeben, das hat sich scheiße angefühlt. Ich habe viel dafür gegeben, nach außen hin stark zu wirken, und nun muss ich mir eingestehen, dass genau das eine meiner größten Schwächen ist. Hinzukommend ist es eine selbsterfüllende Prophezeiung, denn wenn ich mich stark gebe, werden andere Menschen nicht unbedingt auf die Idee kommen, dass es mir an etwas mangelt. An etwas, dass ich nicht in der Lage bin, in Worte zu fassen. Meine Bedürfnisse zu formulieren und vielleicht einfach mal zuzugeben, dass mir etwas zu viel, eine Bemerkung zu blöd, eine Situation zu unangenehm war. Der Gedanke, auf sich allein gestellt zu sein, wird zur Realität. Ich hatte nie das Gefühl, mich nicht ausdrücken zu können. Doch in den entscheidenden Momenten habe ich zwar viel geredet, aber wenig offenbart.

Das wurde mir bewusst, als ich das erste Mal eine Therapeutin aufsuchte und mich in einer äußerst verwirrenden Situation wiederfand. Wer schon mal eine Therapie gemacht hat, weiß, dass die ersten Stunden dazu da sind, sich erst einmal unverbindlich kennenzulernen. Unverbindlich heißt in diesem Fall, dass noch keine Therapie(-form) beantragt wurde und man einfach gehen kann, wenn kein Interesse an einer Zusammenarbeit auf einer oder beiden Seiten besteht. Sie sollte sich also ein Bild von mir machen und ich mir überlegen, ob ich mich ihr öffnen wollte und ihr würde vertrauen können. Ich war aufgeregt, weil ich nicht wusste, was ich ihr erzählen sollte. Natürlich gab es einiges, aber ich war mir nicht sicher, was meine damalige Lage perfekt präzise in 45 Minuten auf den Punkt widerspiegeln würde. Ich wollte es perfekt machen, natürlich. Ich wollte ihr ein umfassendes Bild mit allen Informationen und bereits vorgedachten Diagnose-Ideen meinerseits präsentieren.

In dem Moment empfand ich es natürlich nicht so. In dem Moment war mir nur daran gelegen, jemanden zu finden, mit dem ich über Erlebtes reden und es verarbeiten konnte. Mein damaliger Partner hatte mich irgendwann überzeugt, eine Therapie zu beginnen, und das aus gutem Grund. Er machte seine Grenzen deutlich und sicherte mir gleichzeitig seine bedingungslose Unterstützung zu. Also saß ich nun auf dem schicken, dafür wenig bequemen Sessel und versuchte, der Therapeutin das Erlebte schnell zu schildern, und was ich mir von der Therapie erhoffe. Auf einmal war es still, sie beugte sich vor, schaute mich an, lehnte sich wieder zurück, schaute auf ihren Block und sagte mir dann, dass sie sich mit mir keinen Fortgang der Behandlung vorstellen könne, weil sie nicht fühle, was ich sage. Sie höre, was ich sage, aber sie sehe es mir nicht an. Kurz: Sie könne keine Verbindung zu mir herstellen und wisse nicht, wie sie mir helfen solle.

Hat sie mir vielleicht nicht geglaubt? Ich habe sie daraufhin wohl etwas zu ausdruckslos angestarrt, zumindest fing sie an, sich zu rechtfertigen: Es liege an meiner sehr deskriptiv-erklärenden Erzählweise. Sie habe das Gefühl, einen chronologischen Bericht und wenig Gefühle oder Emotionen vermittelt zu bekommen. Mit so einer Reaktion hatte ich nicht gerechnet. Ich antwortete ehrlich, dass ich aufgeregt zur Sitzung gekommen sei und nichts Falsches hatte sagen wollen. Das war wohl auch wieder nicht richtig, wo man doch während der Therapiesitzung gar nichts Falsches sagen konnte.

Wir verabschiedeten uns und machten keinen neuen Termin, sondern verabredeten ein Telefonat für einen neuen Termin – sofern wir nach ein paar Tagen das Gefühl hätten, wir würden der Sache noch mal eine Chance geben wollen. Eigentlich wussten wir aber beide, dass wir uns nicht wiedersehen würden. Sie rief mich noch einmal an, um sich zu entschuldigen. Sie sei sonst nicht so direkt und fordernd. Ihr war offensichtlich bewusst, was ich zwischen den Zeilen vermutet hatte und dass das nicht sonderlich professionell war, einer Patientin in der ersten Sitzung jegliche Glaubwürdigkeit abzusprechen, weil der Erzählstil nicht emotionsgeladen und vielleicht etwas auswendig gelernt erscheint. Sie begründete ihr Verhalten damit, dass sie sich erhofft hatte, mich durch direkte Konfrontation aus der Reserve zu locken. Sie gab zu, dass sie einfach keine Verbindung zu mir und dem Erzählten herstellen konnte und nicht wusste, wie sie das einordnen sollte. Zu ihrer Verteidigung: Sie war gerade erst fertig mit der Ausbildung und wurde selbst noch von einer Supervisorin betreut.

Wenn ich jetzt so darüber nachdenke, haben mich nicht ihre Worte in dem Moment irritiert, sondern das Gefühl eines Déjà-vus. Ich kannte diese Reaktion, allerdings habe ich sie sonst nur in Form von verständnislosen Blicken kommuniziert bekommen, sprachlos. Sie hatte das erste Mal verbalisiert, was vielleicht manche zuvor gedacht hatten, wenn ich versuchte, mich ihnen mitzuteilen. Scheinbar wirkte mein Verhalten ambivalent nach außen und führte bei meinem Gegenüber eher zu Misstrauen als Verständnis.

Ich muss an der Stelle auch ein wenig schmunzeln, weil mir gerade auffällt, wie oft meine Ironie nicht ankommt. Meine Gesprächspartner*innen verstehen die Ironie, aber mein Gesichtsausdruck verwirrt sie dabei. Auch meine sarkastischen Kommentare enttarnen sich erst spät als, mal mehr mal weniger, unangebrachte Witze.

Und dann ist da diese innere Leere, die mich manchmal heimsucht und die laut Alice Miller typisch ist: »Was als Depression bezeichnet und als Leere, Sinnlosigkeit des Daseins, Verarmungsangst und Einsamkeit empfunden wird, erweist sich mir immer wieder als Tätigkeit des Selbstverlustes bzw. der Selbstentfremdung, [...].«[9]

Meine Freund*innen standen in der Vergangenheit das eine oder andere Mal ratlos vor mir, wenn ich versuchte, diese Leere, meine innere Leere, zu beschreiben: ein Gefühl der Haltlosigkeit, der Ohnmacht und das Empfinden einer tiefen Traurigkeit.

Es ist ein Gefühl, das mich umhaut;
mir den Boden unter den Füßen wegreißt,
mich nicht schlafen, nicht aufstehen, nicht positiv denken lässt.
Ein Gefühl, der Ohnmacht und Taubheit; der Hilflosigkeit.

Das Gefühl, erschöpft zu sein, zu rennen und doch keinen Frieden zu finden.
Das Gefühl, immer kämpfen zu müssen und nie dieses augenscheinlich
harmonische Glück;
diese idyllische Zufriedenheit der anderen zu erreichen.
Das Gefühl, extreme Dinge tun; erleben zu müssen,
um etwas zu fühlen – egal was.
Das Gefühl, zwar oft unter Menschen, aber dennoch einsam zu sein –
nicht verstanden zu werden.

Die Frage, wer überhaupt zu meiner Beerdigung kommen
würde; wer überhaupt weiß, wer ich wirklich bin.

Gründe fürs Scheitern im eigenen (Fehl-)Verhalten suchen; noch kritischer
mit mir selbst werden; mir noch mehr abverlangen.

Empfindlich auf zarte Berührungen und Gesten reagieren, weil die Schönheit und Zerbrechlichkeit des Moments mich einschüchtern, während ich mich gleichzeitig innerlich danach verzehre.

Viele ambivalente Gefühle und Sucht – Sucht nach (Ver-)Bindung.

Immer wieder die gleichen Fragen im Kopf:
»Will ich das? Bin ich das wirklich?«
»Lebe ich mein Leben?«

»Warum fühlt es sich manchmal mehr nach ÜBERleben als ERleben an?«

Das Gefühl, undankbar zu sein, weil die eigenen Privilegien nicht reichen; nicht zu reichen scheinen.

Und am Ende die Frage: Wie kann ich endlich normal fühlen? Und was ist eigentlich »normal«?

Das fiel einigen schwer nachzuvollziehen, denn nach außen wirkte es nicht so, als sei ich haltlos oder gelähmt, und manche von ihnen hatten mich noch nie mit Tränen gesehen. Dabei ist es hilfreich auch diese Gefühle nach außen zu kommunizieren, viele Menschen haben in regelmäßigen Abständen mit Gefühlen der Einsamkeit zu kämpfen. Auch wenn ich mir der Tatsache bewusst bin, dass diese innere Leere auch ein Ausdruck meiner wiederkehrenden depressiven Verstimmungen ist. Aber das ist okay, Mensch kann damit umgehen und lernen, sich Hilfe zu holen. Natürlich kann ich nur aus eigenen Erfahrungen sprechen und will mir nicht anmaßen, über den Umgang mit der Krankheit oder das Leid von anderen Betroffenen zu urteilen, aber mir hat es auf jeden Fall geholfen zu lesen, dass diese extremen Gefühle der inneren Leere nicht »unnormal« sind. Viele Menschen verspüren diese innere Leere, und es gibt Ursachen und Gründe dafür. Viele sind in der frühen Kindheit zu verorten und können im Laufe einer Therapie aufgedeckt und, ich will nicht sagen geheilt, aber akzeptiert werden. Man kann damit arbeiten, damit umgehen lernen. Geschehenes kann nicht ungeschehen gemacht werden. Ist einfach so. Aber wenn wir verstehen, warum wir in manchen Momenten diese innere Leere verspüren oder immer wieder in alte Verhaltensmuster tappen, die uns im wahrsten Sinne des Wortes das Leben schwer machen, dann können wir aktiv dagegen angehen; uns Strategien überlegen, zumindest hat mir das mein Therapeut gesagt – er hat es versprochen. Und es hat mir geholfen.

Schmidbauer bezeichnet diese unverhältnismäßigen Gefühle der Leere als logische Konsequenz, zumal in unserer Gesellschaft die Neigung stark ausgeprägt ist, uns selbst und anderen die Empfindsamkeit abzusprechen, sie zu leugnen.[10] »Diese Verleugnung wird bereits in der Kindheit eingeübt (»Zimperliese!« – »Beleidigte Leberwurst.«) und später z. B. durch Unterscheidung zwischen Empfindlichkeit und Empfindsamkeit fortgeführt.«[11] Schmidbauers Beobachtungen zur Folge leugnen Menschen mit Helfersyndrom die eigene Empfindlichkeit besonders häufig.[12] Und wer ständig versucht, stark zu sein, seine Bedürfnisse zurückstellt und sich vorzugsweise mit den Herausforderungen seiner Mitmenschen beschäftigt, kann sich eben auf die Dauer nur ausgelaugt, erschöpft und leer fühlen. Das musste ich auch erst lernen.

Weiblichkeit, (weibliche) Lust und ihre Grenzen

Gerade für das Austesten meiner Grenzen, sei es im Bett oder im Alltag, spielte und spielt das alles immer noch eine große Rolle. Früher empfand ich mich oft als fremd. Ich führte ein Leben, das nicht meinen Erwartungen entsprach und fand mich in einem Umfeld wieder, dass mir im Nachhinein betrachtet zwar auch geholfen, aber gleichermaßen auch dazu geführt hat, dass ich mich verstellen musste. Wie sehr ich das tat, wurde mir allerdings erst bewusst, als ich das Umfeld verließ; als ich von zu Hause auszog und nach vielen weiteren Umzügen schließlich erschöpft und geläutert, aber zugleich befriedigt und erleuchtet, auf all das Erlebte zurückblickte und anfing, es aufzuschreiben – also das, was ich genau in diesem Moment, jetzt gerade, tue.

Alice Millers Definition einer Depression hat es mir besonders angetan, denn auch ich fand mich nach wilden Jahren und viel Ausprobieren erneut auf der Therapie-Couch wieder und versuchte, einen roten Faden in das Geschehene zu bringen und immer wiederkehrende Muster aufzudecken, die dazu führten, dass ich mich regelmäßig in depressiven Verstimmungen wiederfand.

Unterdrückte ich vielleicht weiterhin doch mehr, als ich es mir eingestehen wollte? Schließlich predigte ich doch, zumindest beruflich, bedingungslose Kommunikation und einen achtsamen Umgang mit den eigenen Bedürfnissen. War ich mit mir und meiner Weiblichkeit wirklich so im Reinen, wie ich es mir wünschte, oder lehnte ich unbewusst doch noch Teile davon ab? Der Konflikt brach vor circa zehn Jahren in mir auf oder anders gesagt, er kam besonders zum Vorschein, als mir mein Frauenarzt verkündetet, dass ich es wahrscheinlich nicht leicht haben werde, einmal Kinder zu haben. Das brach mir das Herz. Ich wollte immer Kinder, vor meinem dreißigsten Lebensjahr. Der Gedanke, dass es nicht funktionieren könnte, fühlte sich bereits wie ein Scheitern an. Das ist das Problem mit den hohen Ansprüchen an mich selbst. Entweder ich mache es richtig oder gar nicht. Aber was ist in dem Fall schon richtig? Daraufhin fokussierte ich mich mehr auf mein Studium und auf das, was danach kommen könnte – beruflich. Lief ich vielleicht einem falschen Ziel, oder besser gesagt falschen Illusionen, hinterher, ohne zu merken, dass ich vielmehr gegen etwas arbeitete – gegen die Angst zu versagen –, als wirklich frei zu sein? Dabei empfand ich mich doch als besonders autonom und freigeistig, weil ich alles so anders anging, als meine konservative, kleinbürgerliche Herkunft vermuten lässt. Sehnte ich mich doch mehr nach einer monogamen Partner*innenschaft und Familie, als ich es damals zugeben wollte?

Dass ich mich damals bereits in Arbeit flüchtete, wie ich das jetzt auch noch gern tue, wenn ich emotional sehr belastende Situationen nicht aushalten will, merkte ich schnell. Es dauerte nicht lang, und die schlaflosen Nächte und Albträume begannen. Ich träumte meistens das Gleiche, es veränderten sich höchstens Details. Aber eins kann ich sagen, ich verlor viele Kinder in den folgenden Nächten. Ich wachte nicht nur einmal schweißgebadet auf und schaute panisch zwischen meine

Beine und hielt meinen Bauch, und sank dann beruhigt, aber schwer atmend ins Kissen. Ich begriff, dass ich diese Angst nicht weiter verdrängen konnte – aber vor allem nicht sollte.

Zu dem Zeitpunkt, ich war im dritten Semester meines Bachelorstudiums und lebte mittlerweile in Bonn, hatte ich mit Geschlechterklischees abgeschlossen und empfand Charaktereigenschaften wie Dominanz, Impulsivität, Empfindsamkeit, Fürsorglichkeit und so weiter nicht als spezifisch männlich oder weiblich, sondern als rein typabhängig. Sonst hätte ich mich selbst niemals als Frau bezeichnen können, zumal ich ebenso viele, wenn nicht sogar mehr, typisch männliche Charaktereigenschaften in mir trage, wie ich zuvor bereits beschrieben habe, als ich auf die Beziehung zu meiner Mutter eingegangen bin. Frauen und Männer unterschied ich lediglich nach ihrem biologischen Geschlecht – außer natürlich, es handelte sich um Trans- oder Intersexmenschen. Dann fragte ich nach, oder ließ mich ungefragt (und glücklich darüber) aufklären.

Für mich war das Wunder der Geburt lange Zeit eng verknüpft mit dem Symbol für Weiblichkeit. Als Frau bist du in der Lage, Leben zu schenken, einen Menschen zu gebären. Ich habe das immer als wundervolles, großartiges Geschenk betrachtet, und gleichzeitig als selbstverständlich. Es war für mich selbstverständlich, dass auch ich irgendwann Mutter sein würde. Nicht, weil das eine Frau ausmacht, sondern weil ich als Frau das Privileg dazu habe, eine Mutter zu sein. In dem Moment, als dieses Privileg in Gefahr zu sein schien, war auch mein Selbstwert in Gefahr. Ich empfand es als ungerecht, und das wurde mir besonders deutlich, als Arbeitskolleginnen mit Mitgefühl reagierten und sagten, dass sie sofort tauschen würden, wenn es möglich wäre, denn für sie seien Kinder keine reale Option und die Vorstellung sehr attraktiv, keine große Sorge davor haben zu müssen, ungewollt schwanger zu werden.

Das Ganze wurde noch deutlicher, als meine Periode phasenweise immer länger ausblieb und ich mir einige Male einbildete, doch – in dem Fall ungewollt – schwanger geworden zu sein. Verwirrt ging ich dann zum Frauenarzt, der mir jedes Mal aufs Neue mitteilte, dass es nicht der Fall sei und aufgrund der ausbleibenden Periode medizinisch auch gar nicht möglich. Ab dem Zeitpunkt beneidete ich meine Freundinnen um ihren regelmäßigen Zyklus und fühlte mich schlecht, in manchen Momenten fortan auch weniger weiblich. Mein Selbstbild bekam Risse, und ich entfremdete mich immer mehr von mir. Woran genau das lag, kann ich nicht sagen. Mittlerweile habe ich weitestgehend meinen Frieden damit geschlossen, auch wenn ich phasenweise immer noch monatelang auf meine Periode warte. Es lag bestimmt auch an dem Hormonchaos und den folgenden Untersuchungen, die mit meiner ausbleibenden Regelblutung einhergingen.

Je mehr Männer ich kennenlernte, umso mehr lernte ich über meine Sexualität. Je mehr Frauen ich kennenlernte, umso mehr lernte ich über mich. Was zog ich aus den Verbindungen mit Frauen wirklich? Warum war ich bisher nur mit Männern längerfristig fest liiert gewesen? Wieso war ich im Umgang mit Frauen schneller verunsichert? Wieso verzehrte ich mich in meiner Vorstellung weitaus öfter nach einer Frau als nach einem Mann, und datete am Ende eben doch meistens Männer?

Fragen, Fragen, Fragen. Aber am Ende kam ich immer zu dem gleichen Schluss: Auch ich war weiterhin patriarchalischen, sexistischen

Strukturen unterworfen und hatte eine konservative Erziehung genossen. Ganz klassisch: heteronormativ. Aus diesen Mustern und Strukturen muss Mensch sich erst einmal befreien. Der Schwerpunkt meiner Arbeit verlagerte sich: Konsens, weibliche Lust und ihre Grenzen, sexuelle Selbstbestimmtheit und gleiche Rechte für alle Geschlechter standen fortan und stehen nach wie vor bei mir im Fokus. Das Ziel: selbstbestimmt(e) weibliche Lust leben. Was das bedeutet und mit welchen Schwierigkeiten ich konfrontiert war, sollte sich durch meinen Neuanfang in Berlin zeigen. Denn hier war ich erst einmal wieder auf mich allein gestellt und das Dating in der Hauptstadt ist auf jeden Fall ein anderes, ein grenzenloseres als beispielsweise in Köln oder Bonn. Ich entdeckte nicht nur eine neue Stadt, sondern auch neue Sichtweisen – gerade was Geschlechtervielfalt und alternative Beziehungskonzepte betrifft. Ich fand mich in verschiedenen Konstellationen wieder, auf die ich in den nächsten Kapiteln noch genauer eingehen werde. Eins war klar: das Gelesene; das Erlernte der letzten Jahre konnte ich fortan einem Praxistest unterziehen. Und dass ein Einhorn nicht unbedingt was mit den niedlichen verstrahlten Tierchen auf diversen Partyflyern zu tun hat, sollte ich besonders schnell und eindrücklich lernen.

Als ich meinen Körper zu lieben begann

Meine jungen Jahre sind geprägt davon, dass ich immer wieder Schwierigkeiten hatte, tiefgründige Freund*innenschaften zu führen. »Aber warum?«, fragte ich mich ständig. Gefühle der Eifersucht und Zuneigung, die ich damals noch nicht einzuordnen wusste, machten sich in mir breit. Wenn es mit meinen männlichen Bekanntschaften zu Herausforderungen kam, war meistens schnell klar, dass sich eine*r von beiden verliebt hatte. Aber das konnte doch nicht bei mir und meinen Freundinnen der Fall sein, oder etwa doch? Bisher war das höchste der Gefühle schließlich gewesen, dass ich eine Nacht, leider recht betrunken, mit einer guten Freundin knutschend und fummelnd bei mir im Bett landete. Wirklich darüber gesprochen haben wir aber nie, es ist einfach passiert. Schade eigentlich.

Rückblickend verstehe ich, was da damals los war. Vielleicht war ich in die ein oder andere beste Freundin zeitweise ein wenig verschossen und konnte es mir nicht eingestehen. Erst Jahre später, als ich fürs Studium auszog und die Kleinstadt verließ sowie immer wieder mehrere Monate im Ausland verbrachte und viele Menschen kennenlernte, begann ich zu verstehen. Auf einmal gab es diverse Vorbilder: Lebens- und Beziehungsmodelle, die ich bis dato nicht kannte, und ich fing an zu begreifen, dass meine Realität bisher nur ein kleiner Einblick in das gewesen war, was eigentlich möglich ist.

Es wirkte wie ein Befreiungsschlag, denn ich entdeckte Seiten an mir, die ich zuvor scheinbar unbewusst unterdrückt hatte. Ja, unbewusst, denn mir war jahrelang nicht bewusst, dass es eben mehr gibt als hetero- oder homosexuell zu sein. Endlich verstand ich, dass ich mich durchaus zu mehr als nur einem Geschlecht hingezogen fühlen konnte – nämlich zu Menschen, egal ob Vulva- oder Penisträger*innen. Diese Erkenntnis feierte ich sehr, denn sie bot so viel neue Möglichkeiten. Meine Neugier stieg ins Unermessliche.

Ich datete damals zuerst eine lesbische Frau, mit der ich mein erstes Mal haben sollte. Mein erstes Mal mit einer weiblich gelesenen Person, und das auch noch nüchtern. Ich war aufgeregt, aber in erster Linie erregt. So fühlte sich das also an. Ich wollte mehr davon und datete fortan noch andere Frauen, die sich entweder als lesbisch oder ebenfalls bisexuell geoutet hatten.

Während meines Studiums war ich, wohl in erster Linie aufgrund der Wahl meiner Studienfächer, Sprachen und Literatur sind einfach geschlechtsspezifisch besetzt, mehrheitlich von Frauen umgeben, und das war erst einmal ungewohnt. Ich fühlte mich bis dato in Frauengruppen nicht wohl. Ihre Weiblichkeit schüchterte mich ein, denn ich hatte selbst nur wenig Zugang zu meiner eigenen. Zum ersten Mal musste ich mich mit meinen zwiegespaltenen Gefühlen dem weiblichen Geschlecht gegenüber auseinandersetzen.

Viele von ihnen standen mit ihrer Weiblichkeit wesentlich mehr im Einklang, aber vor allem mit ihren Gefühlen. Woran ich das festmachte? Sie versuchten nicht, ständig stark zu sein, kommunizierten ihre Bedürfnisse und zelebrierten ihr Frausein. Das verängstigte und beeindruckte mich zugleich.

Diese Frauen betonten ihren Körper auch outfittechnisch, ich hingegen versteckte mich gern unter Oversized Pullovern, wie ich es bereits als junges Mädchen getan hatte, wenn ich die Sachen meiner älteren Cousins auftrug. Zu Hause bei meinen Eltern in der Kleinstadt, einem landschaftlichen Idyll, war es schon gern gesehen, wenn meine Schwester, Cousinen, Tanten, meine Mutter und ich uns für besondere Anlässe herausputzten. Ich fand das in den letzten Jahren auf dem Gymnasium eher ermüdend und fing irgendwann an zu rebellieren, indem ich mit zerzausten Haaren, ungeschminkt und in gemütlicher Kleidung am Kaffeetisch erschien. Wenig Aufwand, große Wirkung – im wahrsten Sinne des Wortes.

Das Bild, gegen das ich mich auflehnte, hatte nicht per se was mit Weiblichkeit im eigentlichen Sinne zu tun, sondern mit leidigen Geschlechterklischees, die eine gesellschaftliche Erwartungshaltung an Frauen implizierten: hübsch, adrett, leise, angepasst, freundlich sollten sie sein. Ich brauchte wie bereits erwähnt eine Weile, um zu begreifen, dass das nicht wirklich etwas mit Weiblichkeit zu tun hatte und dass es durchaus möglich war, sich feminin zu fühlen (und es zu sein), ohne diese Kriterien zu erfüllen. Insbesondere, nachdem ich Affären mit Frauen einging, mich das erste Mal in eine verliebte und die Vorzüge beim gleichgeschlechtlichen Sex in vollen Zügen genoss, fing ich auch an, mich mit meiner Auffassung von Weiblichkeit auseinander-, aber in erster Linie, mehr in Verbindung zu setzen.

In dem Moment, in dem ich anfing, Frauen zu lieben, liebte ich mich selbst auch mehr. Ich versuchte nicht mehr, krampfhaft stark und »kein Mädchen« zu sein. Begriff, dass eben solche Formulierungen daran schuld waren, dass ich so ein verzerrtes Bild von Weiblichkeit hatte. Beim Sex mit Frauen lernte ich meine Bedürfnisse zu kommunizieren, meinen Körper zu lieben und neu zu entdecken. Es fiel mir leichter, mich bei ihnen fallen zu lassen. Sex ohne Performancedruck. Mit Frauen schlief ich auf »Augenhöhe«, weniger höhepunktzentriert und wunderbar vielseitig. Ich hatte nicht das Gefühl, einem Körperbild entsprechen zu müssen, denn wir teilten die gleichen »Problemzonen«, wie der gesellschaftliche Tenor sagen würde, aber entdeckten unsere Schönheit und schämten uns nicht länger für schwaches Bindegewebe oder Dehnungsstreifen. Im Gegenteil: Ich fing an, Schönheit an natürlichen Maßstäben zu messen, ohne mich dabei von fremdgesteuerten Erwartungen blenden zu lassen.

Seitdem reagiere ich extrem empfindlich darauf, wenn ich merke, dass Frauen sich zu sehr auf ihr Äußeres fixieren und sich damit oftmals, meiner Meinung nach, unter Wert verkaufen. Es stimmt nicht, wenn wir sagen, dass Frauen viel Wert auf ihr Äußeres legen, allein um der Männerwelt zu gefallen. Die Schönheitsindustrie und Werbung, schön auffällig großflächig an Hotspots präsentiert, haben alles dafür getan, dass wir das gesellschaftliche Schönheitsideal bereits mit der Muttermilch aufsaugen. Dass lesbischen Frauen männliche Attribute zugeschrieben und im gleichen Atemzug feminine abgesprochen werden, ist ein nicht belegbares Vorurteil, das homosexuellen Frauen ihre Weiblichkeit abspricht, weil sie nicht auf Männer stehen. Als würde Weiblichkeit nur dann Bestand haben, wenn sie mit der Begierde nach einem Penis einhergeht. Das Einzige, was ich daraus entnehmen kann, ist die Angst der Männer um ihre Männlichkeit, denn die wird scheinbar in ihren Grundfesten erschüttert, wenn nicht jede Frau zumindest potenziell ein erotisches Interesse an ihnen haben könnte. All diese Gedanken zeigten mir letztlich, wie wichtig es ist, dass wir Geschlechteridentitäten als ein Spektrum verstehen. Das binäre System ist längst überholt und leidige Geschlechterklischees, die uns in männlich oder weiblich einteilen, spiegeln weder die Realität wider noch erleichtern sie uns den Alltag – im Gegenteil! Sie sorgen dafür, dass viele von uns sich falsch beziehungsweise nicht zugehörig fühlen. Denn »im Gegensatz zum biologischen, bei der Geburt zugewiesenen Geschlecht kann das soziale Geschlecht von jedem Menschen selbst bestimmt werden. Dafür ist die Geschlechtsidentität entscheidend«.[13] Es ist also unerlässlich, dass wir von automatischen Zuschreibungen wegkommen und bereit sind zu verstehen, dass das, was wir sehen oder auf den ersten Blick wahrnehmen, nicht unbedingt damit übereinstimmen muss, wie sich eine Person fühlt; sich definiert; sich labelt.[14] Bis ich das begriff, redete ich ebenfalls in Klischees und kategorisierte Menschen in männlich oder weiblich. Daher spreche ich in den Erzählungen aus meiner Kindheit und Jugend, den 90er- und frühen 2000er-Jahren , auch von Jungs und Mädchen, Männern und Frauen. Es ist nun mal der heteronormative sprachliche Diskurs, dem die meisten von uns unterlegen waren – oder immer noch sind. Außerdem möchte ich daran aufzeigen, wie sich meine Wahrnehmung und (Selbst-)Empfinden über die Jahre geändert hat.

Die wundersame Begegnung

Lucie war die erste Frau, die ich in Berlin datete. Für die Akzeptanz meiner eigenen Weiblichkeit wurde gerade diese Beziehung besonders wichtig. Denn unsere Verbindung war wie ein Spiegel für mich, ein Spiegel meiner Unsicherheiten und persönlichen Baustellen, die ich längst bewältigt geglaubt hatte. Fehlanzeige!

Durch Lucie habe ich auch das Thema Outing und Leben als lesbische Frau, die in einer konservativen, religiös-geprägten Gegend aufgewachsen ist, und die damit einhergehenden Herausforderungen näher kennengelernt. Ihre Geschichte zeigte mir zudem deutlich, wie »falsch« sich ein Leben anfühlen kann, wenn kein Outing möglich scheint. Bis heute hat sie an manchen Tagen mit Selbstzweifeln zu kämpfen, denn Lucie musste bis zu ihrem achtzehnten Lebensjahr versteckt lieben. Erst ihr Umzug in eine größere Stadt, Berlin, machte es ihr möglich, sich frei zu entfalten.

Ihre Kindheit und Jugend verbrachte sie in einem Dorf in Süditalien als Tochter sehr konservativer Eltern. Die meiste Zeit verbrachte sie mit ihrer Tante und fühlte sich oftmals als Außenseiterin, weil sie das Gefühl hatte, anders zu sein. Jungs interessierten sie nicht so sehr wie die anderen Mädchen. Ihren ersten Kuss erlebte sie mit einem Jungen und empfand ihn als äußerst abschreckend. Sie spürte nichts und es fühlte sich falsch an – es sollte bei dieser einen Erfahrung mit dem männlichen Geschlecht bleiben. Für ihre letzten Schuljahre schickten ihre Eltern sie auf ein katholisches Mädchengymnasium – hier sammelte sie ihre ersten romantischen und sexuellen Erfahrungen mit dem gleichen Geschlecht. Klassiker!

Mehr als zehn Jahre später trafen wir uns. Wir lernten uns über OkCupid! kennen, schrieben viel und wussten immer, was die andere gerade tat. Wir redeten und diskutierten über viele Dinge, wie das tagesaktuelle politische (Pandemie-)Geschehen, Feminismus, Diversität, ihre Kindheit in Italien, meine Reisen und Jobs im Ausland, aber nie wirklich über unsere Zukunft, oder ob es bereits so etwas wie Vereinbarungen zwischen uns gab. Wir hatten eine leidenschaftliche Affäre, und durch sie lernte ich Intimität mit einer Frau noch einmal ganz neu kennen. Rückblickend würde ich behaupten, dass ich meine Weiblichkeit seitdem neu entdeckt und fortan mehr zelebriert habe. Sätze wie »Ich bin kein typisches Mädchen«, mit denen ich mich früher versucht hatte, besser darzustellen, weil ich glaubte, dass zu viele weibliche Eigenschaften mit »Schwäche« gleichzusetzen waren, strich ich endgültig aus meinem Repertoire. Mir wurde bewusst, dass es nichts gab, wofür ich mich zu schämen hatte.

Es ist genauso großartig, ein »typisches Mädchen« zu sein wie ein »untypisches«. Am Ende zählt allein, dass du dich wohlfühlst. Alle, die etwas anderes behaupten, sagen damit mehr über ihre eigene Unsicherheit aus. Diese Erkenntnis schenkte mir viel inneren Frieden. Fortan befasste ich mich mehr mit mir und meinem Körper. Lernte, auf mich zu hören und mehr mit meinen Bedürfnissen in Kontakt zu stehen.

Ein Beispiel: Ich schämte mich nicht mehr, wenn ich wegen PMS oder meiner Periode außer Gefecht gesetzt und wenig »umgänglich« war. Ich nahm mir ab jetzt eine Auszeit und sprach einfach offen über meine Bedürfnisse.

Es war also der Sex mit dem eigenen Geschlecht, der mich gnädiger und dankbarer mit meinem eigenen Körper umgehen ließ. Laut Aussagen einiger Followerinnen stehe ich damit nicht allein da. Sie erzählten mir ähnliche Geschichten und teilten das Gefühl, ihre Weiblichkeit durch das Daten von gleichgeschlechtlichen Partnerinnen anders oder neu zu erleben. Damit einher ging auch das Erforschen der eigenen Lust – der weiblichen Lust.

Die Zeit mit Lucie war großartig und aufregend, aber ebenso schnell wieder vorbei. Gerade einmal sieben Monate hat es gedauert, bis sich unsere Wege erst einmal wieder trennen sollten. Manchmal ist das eben so, dass Verbindungen ein abruptes Ende nehmen, wenn sie bereits zu Beginn besonders intensiv verlaufen. Hinzu kam, dass unsere Begegnungen irgendwann zu einem Versteckspiel wurden. Ein Versteckspiel, an dem ich nicht unschuldig war. Zugegeben, es ist mir schon häufiger passiert, dass ich von Menschen, die mir sexuell und emotional nahestanden, hörte, ich sei schlecht einzuschätzen und trotz all der Nähe zeitweise unnahbar. Das vermittelte mir jedes Mal den Eindruck, dass sie sich nach mehr Sicherheit sehnten und einfach mehr von mir verlangten. Mehr Rückversicherungen, mehr Liebeserklärungen, mehr Versprechungen …

Es stimmt schon, ich bin kein Mensch, der in Immer-oder-Nie-Kategorien spricht. Sätze wie »Ich will für immer und ewig nur mit dir zusammen sein. Niemand anderes interessiert mich« klingen in meinen Ohren eher wie eine Bedrohung als Bestätigung. Dass das eine sehr subjektive und von dem einen oder anderen Bindungsproblem beeinflusste Wahrnehmung ist, ist mir bewusst. Am Ende will der*die andere einem nur das Gefühl von Sicherheit vermitteln, überdeutlich betont. Und in meinen Ohren klingt es dennoch wie eine Abhängigkeit auf Lebenszeit, mit viel zu vielen Erwartungen gespickt. Gleiches gilt für Komplimente à la »Du bist die Allerschönste der Welt«, da klingelt einfach nichts. Mal davon abgesehen, dass ich nicht den Anspruch habe, die Allerschönste zu sein, ist es auch superirrational, weil niemand alle kennt.

Meine eigene Analyse mein romantisches Ich betreffend, brachte eine gute Freundin vor Kurzem zum Lachen. Sie hatte sich darüber amüsiert, wie allergisch ich auf kitschige Liebesbekundungen und Kosenamen à la Schatzi, Bärchen und Co. reagiere. »Beruflich überzeuge ich durch Worte, privat durch Taten«, lautete meine Erklärung für die temporäre Sprachlosigkeit in besonders romantisch-intimen Situationen. Andere würden mir vielleicht Unsicherheit unterstellen und vielleicht haben sie teilweise Recht. Aber das ist okay: Das Leben ist schließlich ein lebenslanger Lernprozess.
So, schön runterrationalisiert. Vielleicht ist das auch einfach die Antwort: Ich bin eben mehr rational als emotional, was nicht heißen soll, dass ich nicht romantisch sein kann. Aber romantisch sein geht eben auch ohne kitschige Anbetungsfloskeln, dann klingt es auch weniger daher gesagt. »Du bist die Allerschönste der Welt« ist am Ende genauso wenig einfallsreich und individuell wie der Spitzname »Schatzi«. Ebenso wenig wie ich von meinen Partner*innen Versprechungen oder ausschweifende Liebesbekundungen einfordere, möchte ich diese im Gegenzug geben müssen.

Es geht mir einfach darum, mehr im Moment zu leben und den aktuellen Zustand zu zelebrieren, anstatt Versprechungen über die planbare Zeit hinaus zu geben. Aber durch Lucie habe ich gelernt, dass Absicherungen eben auch Gelassenheit und Sicherheit mit sich bringen. Denn sie sagte mir klar und deutlich, sie fühle sich unsicher und wenig wertgeschätzt von mir, wenn ich mich tagelang rumtrieb und nur wenig von mir hören ließ. In diesen Momenten war sie mit ihren Gedanken allein und stellte mein Verlangen nach ihr infrage. Aber in erster Linie bemerkte sie ein Ungleichgewicht, denn ihrem Empfinden nach steckte sie bereits tiefer in der Sache drin und hatte Angst, sich zu verlieren. Das passte ihr nicht. Also sprach sie Klartext. Sie wollte Zusicherungen, ein Label für unsere Verbindung, Verbindlichkeiten.

Meine Trennung in Köln und mein Umzug nach Berlin lagen noch nicht lange zurück. Ich fühlte mich weder emotional befreit noch bereit, eine neue Liebesbeziehung einzugehen. Eine monogame Beziehung, genauer gesagt, denn das war Lucies Wunsch. Mir wurde daraufhin bewusst, wie sehr ich, vor allem nachts, noch unter Herzschmerz litt und sie in Gedanken mit meinem Expartner verglich. Wir trafen uns zur falschen Zeit. Sie hatte, wenn ich ehrlich zu mir selbst bin, eigentlich keine Chance, mich richtig kennenzulernen, geschweige denn, sich mir in ihrer vollen Großartigkeit vorzustellen. Spätestens, wenn ich mal wieder nicht schlafen konnte, wog ich ihre guten gegen seine schlechten Eigenschaften auf. Als ob ich eine Entscheidung zwischen den beiden hätte treffen müssen, dabei saß Felix weiterhin am anderen Ende der Republik, und die Trennung war zwar sehr schmerzvoll, aber einvernehmlich.

Ich rechnete Lucie den offenen Umgang mit ihren Gefühlen und die klare Äußerung ihres Bedürfnisses, nämlich dem nach einer exklusiven Beziehung, hoch an. Im Gegensatz zu mir war sie sich bewusst, was sie wollte, und meine Unentschlossenheit reichte ihr als Antwort. Sie verabschiedete sich, um sich zu schützen. Sie kannte ihre Grenzen, ich meine damals scheinbar noch nicht. Auch, wenn ich wusste, dass ich zu diesem Zeitpunkt keine Beziehung mit ihr führen wollte, so schaffte ich es nicht, sie loszulassen, und erhoffte mir einen Kompromiss, der einfach so entsteht; ein hybrider Single-/Vergeben-Zustand, der nur die Vorteile von beiden in sich vereint. Jaja, ich bin so rational. Habe ich das nicht eben noch gesagt? Habe ich mich nicht eben noch darüber echauffiert, dass ich leere Worte und utopische Versprechungen nicht mag? Aber, wenn es darum geht, meine eigene Komfortzone zu schützen, bediene ich mich gerne wenig greifbarer Formulierungen und zögere klare Ansagen bis ins Unendliche, andere sagen Unerträgliche, hinaus. Selbstgerecht trifft es in dem Fall vielleicht besser.

Diese Selbsterkenntnis habe ich aus der Zeit mit Lucie mitgenommen. Eine Lektion, die ich lernen musste – und das auch tat. Ich versuchte fortan, ehrlicher zu sein mit meinen Bedürfnissen sowie Gefühlen. Auch wenn die Begegnung mit Lucie nicht von langer Dauer war, so war sie eine enorme Bereicherung für die Entdeckung meiner Weiblichkeit. Ich denke noch oft daran zurück. An unsere unendlichen Gespräche, die meistens in hitzigen Diskussionen endeten, an den leidenschaftlichen Sex mit ihr und ihr warmherziges, extrem einnehmendes Lachen. Ich habe mich selten in so kurzer Zeit zu einem Menschen derart hingezogen gefühlt – und gleichzeitig abgestoßen, denn sie konfrontierte mich mit meinen Unsicherheiten und Schwächen, mit all meinen Dämonen. Aber Wachstumsschmerz ist nie umsonst, denn er führt nachhaltig zu positiven Veränderungen. Mittlerweile sind Lucie und ich Freundinnen. Es ist keine einfache Freundschaft, denn in manchen Momenten schauen wir uns an, und die alte Vertrautheit und anfängliche Intensität sind wieder zu spüren. Verwirrend. Mal schauen, wo die Reise noch hingeht. Ich bin gespannt.

Sexualisiert werden

Ich war gerade einmal drei Monate in Berlin, als die ersten Coronafälle auftauchten und innerhalb von wenigen Wochen der erste europaweite Lockdown im März 2020 ausgerufen werden sollte. Dies führte dazu, dass ich mein Projekt und im gleichen Atemzug meine Wohnung verlor und mich erst einmal wieder orientieren musste. Zurück nach Köln? In Berlin bleiben? Auf eine Teil- oder Vollzeitstelle bewerben und der Freiberuflichkeit vorläufig den Rücken kehren? Selbstständig sein in Deutschland ist wenig attraktiv, aber während einer globalen Pandemie, in der mehrere Branchen ums Überleben kämpfen, eine echte Herausforderung. Existenzangst wurde mal wieder mein Begleiter, der Herzschmerz rückte dafür kurzzeitig in den Hintergrund. Das alles sollte mir einiges an Kapazitäten abverlangen – vor allem aber emotionale Ressourcen. Ich entschied mich zu bleiben, mich vorläufig nirgends zu bewerben und abzuwarten, ob der Spuk nicht doch schneller vorbei sein würde als gedacht. Den Winter über hatte ich mich so dermaßen in die Arbeit gestürzt, dass ich mir zumindest für die erste Zeit finanziell keine großen Sorgen machen musste. Tat ich aber trotzdem, natürlich.

Ich fühlte mich oft einsam und überfordert von den neuen Gegebenheiten. Zumindest die Wohnungssuche klärte sich recht schnell, und plötzlich hatte ich eine große Altbauwohnung für mich allein. Aber jobtechnisch wurde ich für insgesamt drei Monate in eine Art Coronabedingte Zwangspause versetzt.

Aus viel Halligalli, Arbeit und Menschen in meiner Wohnung wurden einsame Abende auf dem Balkon oder lange Spaziergänge durch den neuen Kiez und ein sich immer wiederholender Tagesablauf, der durch seine Monotonie nicht zu überbieten war. Versteht mich nicht falsch: Ich habe die Zeit durchaus gut genutzt. Aber der Kontrast war einfach zu groß, kam zu schnell.

Irgendwann fing ich an, die Einsamkeit zu genießen und immer mehr zu reflektieren, was eigentlich in den letzten Monaten nach der Trennung geschehen war. Es passierte viel, aber irgendwie auch nicht. Während draußen die Welt stillstand, tobte es in meinem Inneren. Gedankenspiralen, die sich mit der letzten Trennung beschäftigen und Gründe für das Scheitern unserer offenen Beziehung suchten, holten mich immer wieder ein. Allerdings auf eine friedvollere Art, und ich war auf einmal in der Lage, mich auch in meinen Expartner Felix hineinzuversetzen und das erste Mal wirklich zu reflektieren, wieso wir es uns beide in manchen Momenten so schwer gemacht hatten. Wieso unsere offene Beziehung am Ende aufgrund mangelnder Kommunikation gescheitert war. Ich hatte nach unserer Trennung recht schnell die Stadt verlassen und kam erst während des Lockdowns wirklich dazu, mir dessen bewusst zu werden.

Nachdem ich auch den letzten Winkel im Kiez erkundet hatte, saß ich fortan immer öfter irgendwo am Wasser und verarbeitete all die Eindrücke, die einige Menschen bei mir hinterlassen hatten. Auch unschöne Erlebnisse, die mich zeitweise sehr beschäftigten, teilweise sogar traumatisiert hatten, bahnten sich erneut ihren Weg in mein Bewusstsein. Jetzt war ich in der Lage, das Geschehene differenzierter zu betrachten und nicht von unschönen Gefühlen überschwemmt zu werden.

Gerade leben wir in einer Zeit, in der wir über scheinbar nichts mehr die Kontrolle haben. Aktuell ist es schwierig zu planen. Herbst 2020: die Stimmung schlecht, das Wetter noch schlechter. Immerhin gab es einige Tage, an denen die Sonne schien, das letzte bunte Herbstlaub seinen Charme versprühte und irgendwie ein Funken Hoffnung und

Frohsinn über allem lag. Das Jahr 2020 neigte sich dem Ende zu, und gefühlt hatte es gar nicht stattgefunden. Natürlich hatte es stattgefunden, aber es war alles anders gelaufen als geplant. Für uns alle. Zumindest war es für mich schwer vorstellbar, dass es Menschen gab, die mit all der Corona-Craziness gerechnet haben.

Auch wenn alles im Moment eher nichts zu sein schien. Denn genau so viel konnte Mensch derzeit unternehmen. Okay, das war vielleicht etwas dramatisch ausgedrückt, aber die Aussicht, dass nirgendwo die Möglichkeit bestand, grenzenlos gemeinsam erlebnisreiche Momente zu verbringen, verleitete schnell zu solch theatralischen Gedanken.

Konsum soll Langeweile vertreiben, Konsum macht langweilig. Klamotten, Spielekonsolen, Dinge, die wir angeblich unbedingt brauchen. Serien und Filme, die wir unbedingt sehen müssen, weil sie unser Leben abwechslungsreicher gestalten sollen, aber letztlich gelähmt auf der Couch versacken lassen. Alles Dinge, mit denen wir uns in diesem Herbst beschäftigen konnten und die manche von uns, mich auf jeden Fall, auf die Dauer in den Wahnsinn trieben. Ich habe mich für kreative Beschäftigungen entschieden, in der Hoffnung, am Abend wenigstens halb befriedigt ins Bett zu gehen, weil ich nicht nur Serien geglotzt, sondern ein Bild gemalt oder ein Puzzle geschafft habe. Jede*r erzählte sich eine andere Geschichte, benutzte eigene Strategien zur Bewältigung der neuartigen Beschäftigungslosigkeit und des auf einmal fehlenden Angebots – zur Ablenkung.

Wie bereits erwähnt: Ich habe während des ersten und auch zweiten Lockdowns viel Zeit damit verbracht, mich mit meinen Dämonen zu konfrontieren und Dinge zu verarbeiten, die mich schon lange beschäftigten. Und endlich diesen Herzschmerz loszuwerden, der mich seit meinem überstürzten Umzug nach Berlin gerade nachts immer wieder heimsuchte.

Im Nachhinein betrachtet war der Umzug nicht wirklich überstürzt, sondern genau richtig. Aber in dem Moment selbst empfand ich mich als sehr impulsiv – und bekam es auch zwei, drei Mal zu hören. Aber es hat auch nicht wirklich jemand versucht, mich abzuhalten. Es war schließlich nicht das erste Mal, dass ich meinen Wohnort abrupt wechselte.

Als Single war es in diesem Herbst 2020 auf jeden Fall schwierig, neue Menschen kennenzulernen. Selbst, wenn man sich irgendwann gemeinsam dazu entschlossen hatte, die Corona-konformen Spaziergänge auszuweiten und danach noch gemeinsam zu kochen oder am Ende des Tages doch im Bett zu landen, hieß das nicht, dass man sich wirklich kennenlernte – oder es noch tun würde. Ich glaube, der Großteil der Menschen befand sich in einer Ausnahmesituation, sei es psychisch, beruflich, sozial oder existenziell. Ein normaler Alltag, unsere Realität, wie wir sie bis Anfang 2020 noch (er-)lebten, war vorerst nicht möglich. In meiner Bubble und meinem Umfeld, aber auch auf den Straßen, sah ich meistens Menschen, die es, zumindest von außen betrachtet, nicht schwer im eigentlichen Sinne haben. Gerade zu Beginn der Coronazeit hatten viele von uns es jedoch schwerer als sonst. Kontrollverlust, aufkeimende Existenzängste, unsichere und sich stetig ändernde Regelungen/Maßnahmen und soziale Isolation.

Irgendwann reichte es mir dann auch mit der Selbstreflektion und dem selbstauferlegten Eremiten-Status. Ich hatte Bock zu daten! In Lockdown-Zeiten funktionierte das am besten über Dating-Apps; es gab einfach keine geöffneten Cafés/Restaurants, geschweige denn Veranstaltungen oder öffentliche Orte, wie das Sportstudio oder Museen, wo Mensch hätte Menschen treffen können.

Mein erstes Date in dieser Zeit war ein geschiedener Anwalt in seinen Fünfzigern. Er machte viel Sport, ein Tennisspieler, der viel Wert auf sein Erscheinungsbild legte. Die Angst vor dem Alter hörte ich schnell heraus. Er hatte sich gut gehalten – keine Frage! Ein attraktiver, witziger Mann mit einem liebevollen Lächeln.

Der Anwalt kam mit Rum und Weintrauben vorbei und fühlte sich direkt wie zu Hause in meiner Wohnung. Ich war überrascht, seine Art und sein Wesen stimmten nur teilweise mit meinen Erwartungen, die ich im Vorfeld von ihm gehabt hatte, überein. Er wirkte unruhig und abwesend, aber dann wieder lebendig und voll da. Er gestikulierte wild, wenn er, in erster Linie von sich, erzählte. Ich machte meine üblichen Witze und provozierte mit der ein oder anderen Aussage. Ich erzählte, dass ich irgendwann begonnen hatte zu modeln. Denn so hatte ich die Chance, mir das Schreiben und andere Projekte zu finanzieren, die anfangs nicht wirklich Geld abgeworfen haben. Es dauerte nicht lang und wir küssten uns. Dann hatten wir Sex. Nicht nur einmal. Und er blieb lang. Die Zeit verflog, wir lachten viel.

Es wirkte wie ein gelungener Abend, bis er anfing, mich zu überreden, über Nacht bleiben zu dürfen. Für mich keine Option: Ich mag es nicht gerne, gleich in der ersten Nacht, und auch nicht zwangsläufig in der zweiten, beieinander zu übernachten. Ich bin danach gerne noch etwas für mich und wache auch lieber allein auf, was in erster Linie damit zu tun hat, dass ich eine unruhige Schläferin bin. Ich zeigte ihm also meine Grenzen auf, indem ich ihm klar und deutlich sagte, dass ich nicht auf Übernachtungsgäste stehe. Vor allem dann nicht, wenn ich sie gerade erst kennengelernt habe, zumal Schlafen für mich etwas sehr Intimes ist. Schließlich sind wir im Schlaf wehrlos. Meine Grenzen aufzuzeigen, ist mir in dem Fall nicht schwergefallen, denn wenn es um meine Nachtruhe geht, mache ich keine Kompromisse. Er akzeptierte es und zog, wenn auch ein wenig mürrisch, ab.

Keine zwei Tage später war er wieder bei mir. Es schien, als würde sich die erste Nacht wiederholen. Aber irgendwas war anders. Auf einmal änderte sich seine Stimmung, er wirkte noch unruhiger, fordernd und ganz woanders. Er redete viel, von seinen Affären und seinen Vorstellungen von oder mit mir. Darin war ich das Model, die mit den schönen Bildern und dem großartigen Aussehen. In seiner Fantasie war ich die promiskuitive, lüsterne, verruchte Schönheit, die weniger infrage stellte, und stattdessen sein Ego aufwertete und (ihn) befriedigte. Ich sah es in seinen Augen. Auffällig war außerdem die Beharrlichkeit, mit der er seine Gedanken äußerte, indem er von wilden Affären sowie Unverbindlichkeit sprach und mich gleichzeitig fordernd ansah; dabei nach Bestätigung gierte, was mich irritierte.

Anfangs hielt ich noch dagegen und diskutierte mit ihm, dann aber ließ ich davon ab und tauchte in meine eigene Gedankenwelt ab. Er bemerkte schnell, dass ich nicht weiter zugänglich war und fing erneut an zu fragen, ob er die Nacht bei mir verbringen könnte. Es gäbe noch so viel zu reden. Ich blieb hart und er zog irgendwann beleidigt ab, nachdem er bemerkte, wie genervt ich mittlerweile von seinen ständigen Überredungsversuchen war.

Unser nächstes Treffen fand fast ein Dreivierteljahr später statt. Zwischendurch hatten wir zumindest schriftlich sporadischen Kontakt. Im Januar, nach bereits fast drei Monaten im Lockdown und kaltem Winter, inklusive jeder Menge grauer Tage und erneut phasenweise tagelanger Einsamkeit, besuchte er mich. Er wollte mich direkt zur Begrüßung küssen, und ich kommunizierte ihm, dass ich meine Zeit bräuchte, mich ihm wieder anzunähern. Er zeigte Verständnis und versuchte es keine halbe Stunde später erneut. Ich versuchte, mich darauf einzulassen.

Wir küssten uns kurz, ich drehte mich weg. Er küsste mich am Nacken – ich beendete den Abend. Mir war in dem Moment aufgefallen, wie überfordert ich von der unmittelbar gewünschten Nähe war. Mal davon abgesehen, dass er wieder den Fehler gemacht hatte, sich in seinen Vorstellungen von mir als reines Objekt seiner Begierde, oder einfach gesagt: Sexobjekt, zu verlieren, und mir dadurch das Gefühl gab, nicht an mir als Mensch interessiert zu sein.

Komplimente hatte er mir immer viele gemacht. Erschreckend oft, wie mir im Nachhinein aufgefallen ist, hatten sie alle den Nachsatz, wie oft er seinen Freund*innen von mir erzählen würde. Außerdem hatte er mich in all den Monaten versucht, in unzählige Dreier-, Viererkonstellationen zu locken oder auf Sexpartys einzuladen. Mit locken meine ich, dass er mir öfter Frauen gezeigt hat, die er parallel traf und die Interesse an Sex mit ihm und mir bekundet hatten. Ja, ich war scheinbar recht präsent in seinen alltäglichen Fantasien. Aber eben als reines Sexobjekt.

Diese Erkenntnis hat mich dann einfach ohne mit der Wimper zu zucken den Abend beenden und ihn nach Hause schicken lassen. Er wirkte nicht erfreut, aber auch nicht überrascht. Er hatte es selbst gespürt. Immerhin.

Er verließ also meine Wohnung und bestellte sich ein Taxi. Kurze Zeit später textete er mir, dass ich mir keine Gedanken machen brauche, er habe jemand anders gefunden. Eine Frau, die sich über seine Anwesenheit freuen würde und die er nun »beglücken« könne. So eine Aussage hätte ich von einem jungen Mann mit gekränktem Ego erwartet, nicht aber von einem Mann über fünfzig, der bereits geschieden und Vater war. Dass das total naiv ist, weiß ich mittlerweile auch – Arschloch sein kennt keine Altersgrenze. Aber zumindest ein wenig mehr Reflexion (der Situation) hätte ich mir von einem betagteren Herrn doch erhofft.

Wenigstens hatte ich so schwarz auf weiß den Beweis, dass ich den Kontakt nicht weiter vertiefen, geschweige denn aufrechterhalten sollte. Eine Red Flag – ein Alarmsignal – in Textform sozusagen, die mir mitteilte, wie wenig Interesse an meiner Person, dafür aber umso mehr an meinem Körper; meiner sexuellen Verfügbarkeit bestand. Ich war eine Art Trophäe, ohne eigene Persönlichkeit. Schnell ersetzt und wenig ernst genommen. Begehrt, aber nicht gewollt.

Mein Fazit aus dieser Begegnung: Er hatte mich fortwährend sexualisiert und auf mein Aussehen beschränkt. Für ihn war ich das Model, dabei ist das nur ein kleiner Teil von mir. Ich bin dankbar, dass ich die Möglichkeit habe, damit ab und zu etwas Geld zu verdienen. Dennoch ist es für mich keine Herzensangelegenheit, auch wenn ich bei den Jobs eigentlich immer viel Spaß habe. Versteht mich nicht falsch: Selbst, wenn das Modeln meine Herzensangelegenheit wäre, ist es keine Legitimation dafür, mich zu sexualisieren; mich auf meinen Körper, mein Aussehen, zu reduzieren. Frauen dürfen sich schließlich zeigen, wie sie möchten und haben trotzdem das Recht darauf, wie ein Mensch/ein Subjekt behandelt zu werden. Für den Anwalt war ich – wie andere Frauen anscheinend auch – nur jemand, der am besten auf Abruf für seine Lust bereitstehen sollte.

Mir war die Lust auf jeden Fall gründlich vergangen. Denn ich hatte schnell erkannt, dass er bei mir lediglich Bestätigung für sein Ego oder ein Ohr zum Zutexten suchte. Er sah also nicht mich, sondern eine reine Projektion seiner Bedürfnisse. Das war mir in dem Moment einfach zu stumpf und killte mein Verlangen. Für meine Lust war sein übertriebenes, rein sexuelles Begehren also ein Hindernis.

Interessanterweise ist mir das nicht nur einmal passiert, als ich wesentlich ältere Männer datete. Letztens erst habe ich ein erstes Treffen verschoben, weil ich eine Deadline einhalten musste und weder Zeit noch den Kopf frei für eine neue Begegnung hatte. Er, Mitte vierzig, Künstler, reagierte zuerst sehr verständnisvoll, aber am nächsten Tag bekam ich aus heiterem Himmel eine Nachricht, in der er sich für die Absage bedankte, weil er so die Möglichkeit gehabt hätte, spontan jemand anders kennenzulernen, mit der es einfach super passe, und er hoffe, dass ich irgendwann mal weniger Stress haben werde. Joah, okay. Danke für die Info, auch wenn ich nicht danach gefragt habe. Mal davon abgesehen, wie sehr diese Aussage nach verletztem Ego stinkt. Ich antworte ihm, dass es mich für ihn freue, dass er dennoch einen schönen Abend gehabt habe und weiter nichts dazu sagen werde, zumal ihm bestimmt klar sei, was man da zwischen den Zeilen alles rauslesen könne.

Oder der Herr auf OkCupid, dreiundfünfzig Jahre alt und Besitzer eines Verlags, der mich gleich zu Beginn selbstverständlich zu einem schicken Dinner einlud, »weil anspruchsvolle Frauen nun mal auf so etwas stehen«. Offenbar bin ich keine anspruchsvolle Frau, da ich nicht auf Nobelrestaurants beim ersten Date abfahre, das habe ich daraus mitgenommen – und ihm auch genauso geantwortet. Das brachte ihn erst einmal in eine Kompliment-Bredouille, und er änderte seine Strategie sofort. Jetzt erzählte er mir von seinem Werdegang und was ihm alles gehöre; was er alles erreicht habe, denn das fänden anspruchsvolle Frauen ja durchaus attraktiv. Darauf fiel mir als Antwort nicht viel mehr ein, als dass ich gar nicht anspruchsvoll sein wolle, weil da viel zu viele Erwartungen mitschwingen, die dann ja im Gegenzug auch auf mir lasten würden. »Gute Antwort. Niemals«, schrieb er beeindruckt und plötzlich recht wortkarg zurück.

Ich nahm ihnen ihr Verhalten nicht einmal wirklich übel, hinterher empfand ich meistens eher Mitleid. Ihre Denk- und Handlungsweise hat ihren Ursprung, sie sind dahingehend sozialisiert worden und haben wahrscheinlich eine wesentlich konservativere Erziehung genossen als ich – allein aufgrund des Altersunterschiedes. Macht, Geld, Dominanz … alles Dinge, die es für sie zu erreichen und auszustrahlen galt, wenn wir das gesellschaftlich akzeptierte Männerbild als Vorbild nehmen. Sie sind also auch Opfer des Patriarchats sowie ihrer Erziehung und Sozialisation – wie alle anderen Menschen auch.

Wie gefährlich Mainstream-Porno für die weibliche Lust ist

Ich hatte mich in der Verbindung mit dem Anwalt nicht gesehen, nicht wahrgenommen gefühlt. Sein Verlangen, seine Bedürfnisse und seine Lust standen für ihn im Fokus. Klassiker – zumindest, wenn man dem *orgasm gap* (»Orgasmus-Lücke«) Glauben schenkt, die besagt, dass homo- und bisexuelle Frauen eher zum Orgasmus kommen, als ihre heterosexuellen Geschlechtsgenossinnen. Woran das liegt? Ganz einfach: Sobald ein Penis im Raum ist, rückt die Vulva in den Hintergrund. Schnick, schnack, schnuck, Penis schlägt Vulva. Erstaunlich, wie viel diese Zahlen über den Umgang der Geschlechter miteinander im Patriarchat aussagen. In einer Studie der Chapman University von 2017 kommt der Unterschied bei heterosexuellen Paaren besonders stark zum Vorschein: Regelmäßig zum Höhepunkt kamen laut eigenen Aussagen 95 % der Männer, aber nur 65 % der Frauen.[15]

Ich erfahre tagtäglich durch meine Arbeit, dass es vielen Frauen so geht. Nicht wenige erzählen mir, dass sie selten oder nie einen Orgasmus haben. Manche masturbieren nicht einmal, um ihre Lust auf eigenem Weg zu entdecken. Ich frage mich: Wie kann das sein? Aus meiner Perspektive heraus ist Masturbation mit der großartigste Skill, den wir Menschen haben. Wir können uns eigenständig und -händig einen Orgasmus verschaffen, geiler Hormonrausch inklusive.

Wieso reden Jungs oder Männer oft schambefreit davon, sich regelmäßig an den wildesten Orten einen von der Palme zu wedeln, während Frauen und Mädchen meistens eher rumdrucksen, wenn es um ihr Verhalten bei der sexuellen Selbstliebepraxis geht? Weil wir weibliche Lust selten präsentiert bekommen! Davon gibt es zum Beispiel im Mainstream-Porno nicht wirklich viel zu sehen. Er vermittelt ein einseitig verzerrtes Bild, peniszentriert und ausgerichtet auf männliche Lust.

Pornos sind schon länger kein Tabuthema mehr und ein beliebtes Inspirationsmittel. Auf Onlineplattformen sind Fetische besonders beliebt, einige wiederum träumen von Gruppensex, nur wenige erleben ihn wirklich. Ein Grund hierfür könnte sein, dass Ängste und Unsicherheiten die Umsetzung verhindern. Oder einfach die fehlenden Partner*innen. Bei manchen Dinge fällt es uns auch schwerer, sie zu kommunizieren, als bei anderen. Warum ist das so? Vielleicht, weil wir aus Angst vor Ablehnung lieber weiterhin in unerfüllten Sehnsüchten und Fantasien schwelgen, anstatt einen irritierten Blick oder unangenehme Fragen in Kauf zu nehmen.

Zugegeben, es ist eine andere Sache, den Partner*innen mitzuteilen, dass man gerne angekackt werden würde, als den Wunsch zu äußern, eine Augenbinde oder Handschellen mit ins Bett zu nehmen. Und auch hier zeigen sich wieder die patriarchalischen Muster unserer Gesellschaft: Einige Männer schrieben mir als Feedback auf die Frage nach ihren sexuellen Sehnsüchten, dass sie gerne mal von einer Frau, beispielsweise mit einem Strap-on, penetriert werden würden, sich aber nicht trauen, dieses Begehren ihrer Partnerin gegenüber zu kommunizieren. Warum? Aus Angst davor, als »Weichei« oder gar homosexuell zu gelten. Denn leider ist es bis heute scheinbar noch ein Tabuthema, wenn heterosexuelle Männer den Wunsch nach analer Penetration äußern. Schade! Nicht nur das, sondern auch frustrierend, wenn man bedenkt, dass wir eigentlich im 21. Jahrhundert angekommen sind und uns als aufgeklärte Gesellschaft bezeichnen. Aber die Angst vor männlicher Homosexualität scheint weiterhin tief verankert in vielen Köpfen zu sein. Der starke Mann, der Familienversorger hat sich eben nicht mit einem Strap-on verwöhnen zu lassen, zumal das etwas Devotes hat und somit unterwürfigem Verhalten gleichkommt.

Daher sind auch nicht alle glücklich darüber, wenn ein Blick in ihren Browserverlauf die persönliche Auswahl der »schmutzigen Filmchen« offenbart. Wer weiß, was sich da an nicht-hetero-konformen Inhalten offenbaren könnte. Immer diese Geschlechterklischees und vorgefertigten Rollenbilder – ätzend! Davor ist am Ende des Tages kein Mensch sicher!

Zurück zu den »schmutzigen Filmchen«: Die Tatsache, dass es sich um die Darstellung von Sex handelt, macht sie nicht zwangsläufig zu etwas Schmutzigem. Die Art der Darstellung wirkt größtenteils schäbig, eintönig und das Gegenteil von divers. Damit meine ich die Clips, die uns im Pornhub-Universum angeboten werden, zumal diese einen männerfreundlichen und zugleich frauenfeindlichen Charakter haben sowie fernab der Realität inszeniert sind. Natürlich nicht alle, denn Ausnahmen bestätigen die Regel. Aber es ist schon auffällig, wie viele der Clips dieser Dynamik unterliegen. Häufig empfinde ich die Kameraperspektiven als irritierend: von oben herab. Passend zum beinah ausnahmslos devoten Verhalten der lauthals stöhnenden Protagonistinnen. »Weniger reden, mehr schlucken«, scheint hier das Motto zu sein. Eines muss man dem Mainstream-Porno definitiv vorwerfen: Er ist von Männern für Männer gemacht.

Selbst, wenn wir Frauen miteinander lustvoll interagieren sehen, handelt es sich hierbei vorrangig um die Fantasien eines heterosexuellen weißen Mannes. Vertreten oder gesehen fühle ich mich hier also eher weniger. Das geht wohl einigen so.

In erster Linie schrecken mich Gratis-Pornobörsen ab, auch wenn ich hier zugegebenermaßen ab und an vorbeischaue – und das nicht nur zu Recherchezwecken. Weibliche Lust? Teilweise echt schwer auffindbar. Authentischer Sex, Diversität? Nicht ausreichend vorhanden. Patriarchalische Machtstrukturen, sexistisch/rassistische Hierarchien dafür umso mehr.

Im gleichen Maße wie Hollywoodfilme und Walt Disney unsere Liebesbeziehungen prägen können, dienen Pornofilme Jugendlichen oftmals als erste Orientierungshilfe für ihre noch nicht oder wenig vorhandenen sexuellen Erfahrungen. Zugriff auf den Content haben theoretisch alle, die lesen können – egal, welche Altersklasse. Die Altersprüfung ist mehr als lachhaft. Häkchen setzen kann jede*r. Das macht das Ganze so gefährlich.

Sexualität ist etwas unglaublich Vielfältiges. Wie können gerade junge Menschen sich davon ein Bild machen, wenn sie ein einseitiges, peniszentriertes, teilweise frauenverachtendes Bild frei zugänglich im Internet vermittelt bekommen? Insbesondere junge Frauen erzählten mir, dass sie beim Sex oftmals einfach nur »mitmachen« und ein Programm abspulen. Junge Männer performen dagegen wie ihre Pornovorbilder. Ein Klaps auf den Hintern hat dabei noch keiner Frau geschadet, ob sie darum gebeten hat oder nicht. Hart anpacken ist Standard – eine Dynamik, die in vielen Pornoclips präsentiert wird, auch wenn nicht wenige Frauen sich damit unwohl fühlen.

Auch in Sachen Vorspiel fühlen sich einige Frauen, die mir schreiben, vernachlässigt. Für ihre Partner*innen ist Oralverkehr beispielsweise kein großes Thema, aber sie würden sich mehr Geduld und Zuwendung wünschen. Die Konsequenzen ihres Zögerns ihr Bedürfnis mitzuteilen, sind Schmerzen beim Sex. Ärgerlich, denn gerade diese Schmerzen können sich als eine Art Trauma im Körper festsetzen und beim nächsten Geschlechtsakt dafür verantwortlich sein, dass es uns noch schwerer fällt, uns fallenzulassen, weil wir bereits im Vorhinein verkrampfen.

Junge Frauen werden nicht selbstbewusster, wenn wir ihre Körper weiterhin in Film, Fernsehen, Werbung und mittlerweile vorranging auf Social Media sexualisieren und ihnen ihre Selbstbestimmtheit absprechen. Junge Männer können keine leidenschaftlichen, sensiblen und aufmerksamen Liebhaber werden, wenn sie im Mainstream-Porno ständig vermittelt bekommen, dass es okay ist, Frauen auf den Hintern oder gar ins Gesicht zu schlagen – ohne vorher zu fragen. Es ist kein Kavaliersdelikt, ungefragt sein Sperma auf Dekolleté oder Gesicht zu verspritzen. (Selbst erlebt, selten für gut befunden. Frag halt.) Davon erzählten mir viele Frauen empört, die deswegen zeitweise wenig Lust auf unverbindlichen Sex oder wechselnde Partner*innen hatten. Sie fühlten sich in regelmäßigen Abständen mit der Situation überfordert, und es fiel ihnen schwer, in dem Moment für sich einzustehen, und ihre Bedürfnisse, aber eben auch ihre Grenzen, kundzutun.

Pornos im Internet müssen jedoch keine Gefahr für junge Menschen sein – wenn man ihnen »das richtige Material« mit auf den Weg gibt. Meine Forderung lautet daher: mehr Authentizität und Diversität im

Mainstream-Porno. Ich will Hetero-, Bi-/Homosexuelle, Transmenschen, Non-Binäre und People of Color sehen – und zwar nicht ausschließlich zur Befriedigung des weißen Cis-Manns. Hier bietet es sich an, einmal die Suchmaschine anzuschmeißen und nach alternativen Pornoanbieter*innen zu schauen. Viele feministische Regisseurinnen aus Europa bekommen mittlerweile eine Plattform und bieten grandiosen, vielfältigen Content an, der Inspiration für alle Orientierungen und Ausrichtungen liefert. Allerdings ist auch hier Vorsicht geboten, denn während im Mainstream-Porno der Fokus auf der Objektifizierung liegt, handelt es sich bei den Alternativen schnell um eine Ästhetisierung. Was ich damit meine? Sex ist weder so brutal, wie er teilweise auf PornHub gezeigt wird, aber eben auch nicht so sauber und romantisch verklärt, wie es auf einigen feministischen Plattformen der Fall ist. Es handelt sich also in beiden Fällen um eine angepasste Darstellung von Sex. Die viel geklickten und selbst produzierten Amateurfilmchen kommen der Darstellung von authentischem Sex wohl am nächsten.

Es gibt auch andere Plattformen, wie Erika Lust oder Cheex, die gegen einen kleinen Obolus mit feministisch, ästhetisch-authentischem sowie diversem Sex-Content aufwarten. Es lohnt sich auf jeden Fall, sich auf die Suche zu begeben und fernab von PornHub und Co. nach Inspiration für die eigene Lust zu suchen.

Heranwachsende würden ein angemesseneres sexuelles (Selbst-)Bewusstsein erlangen, wenn offene Kommunikation über Bedürfnisse, unangenehm-lustige Situationen wie ein Vaginalfurz, Erektionsprobleme oder andere unproblematische Missgeschicke nicht ausgespart werden würden. All das würde helfen, der medialen Intimität einen weitaus authentischeren Charakter zu verleihen. Andernfalls ist es mehr Performance als im Theater.

Drei sind einer zu viel: Grenzen(-losigkeit) in nicht-monogamen Beziehungen?

Wir verstoßen, zumindest laut Christopher Ryan und Cacilda Jethá[16], jeden Tag gegen unsere natürlichen Triebe. Damit meinen sie in erster Linie unseren Sexualtrieb, denn kein anderer wird vehement Tag für Tag, seit Jahrtausenden, unterdrückt, in Bahnen gelenkt oder mit Sanktionen belegt. Nichts auf dieser Welt wird so sehr begehrt und gleichzeitig moralisch-stigmatisierend verklärt wie die Nacktheit des menschlichen Körpers – unseres Körpers. Ist das nicht verrückt? Am Ende ist Sex Macht, denn Sex kann Beziehungen zerstören und Existenzen ruinieren. Gleichzeitig sichert er unser Fortbestehen.

Wir unterdrücken also unseren natürlichen Sexualtrieb, indem wir uns nur teilweise, oder zumindest zeitweise freiwillig, in monogame Beziehungskonzepte zwängen, serielle Monogamie durchleben und, in einigen Fällen, immer am gleichen Punkt scheitern: der sexuellen Treue, zum Beispiel. Dann gelten wir schnell als bindungsgestört, weil wir uns nicht festlegen wollen und einfach nicht die Grabscher bei uns lassen können. Dabei ist es doch auch irgendwie etwas einfach zu denken, dass der*die Partner*in schon bis ans Lebensende unsere immer wechselnden Bedürfnisse und Selbstverwirklichungstrips stillen oder nachvollziehen kann. AMEFI[17] ist ein schöner Begriff, den Lendt und Fischbach in ihrem Buch *Treue ist auch keine Lösung* als schönes Beispiel dafür nennen, was wir von einem monogamen Beziehungskonzept nach der konservativen Auffassung in unserer Gesellschaft erwarten: Alles mit einem für immer. AMEFI.

Im Gegensatz zur Generation unserer Eltern, und entgegen den Erwartungen, die sicher viele von uns an die 68er-Jahre haben, ist es die Generation Y, die sich nicht unbedingt nach klassischen monogamen Beziehungsmodellen oder der Ehe sehnt. Mittlerweile sind alternative Beziehungskonzepte wie Polyamorie und offene Beziehungen, gerade in größeren Städten, in der Mitte der Gesellschaft angekommen. Laut Gerold Wehde ganz nach dem Motto »kürzer, öfter, aber auch intensiver«. Seiner Meinung nach gestalten Millennials ihre Beziehungen häufig anders als früher und sind auch bereit, sie schneller zu beenden, was aber nicht heißt, dass sie sich nicht generell nach einer festen Partnerschaft sehnen.[18]

Gerade bei alternativen Beziehungskonzepten geht es viel ums Grenzen setzen und -einhalten. Ich traf mich mit mehreren Pärchen oder Partner*innen, die in offenen Beziehungen lebten und bekam so ihren Weg, ihre Liebe zu leben, live mit. Das war teilweise echt interessant. Solche Beziehungskonzepte sind ähnlichen Vorurteilen wie beispielweise die Bisexualität ausgesetzt: Laut Klischee hat beides mit Unersättlichkeit und Grenzenlosigkeit zu tun. Wahre Liebe? Fehlanzeige.

Warum diese Denke falsch ist, habe ich selbst in meiner offenen Beziehung erfahren dürfen, ebenso wie in der Rolle des sogenannten

»Einhorns« – also als Dritte im Bunde einer bereits bestehenden Liebesbeziehung. Vor allem sollte ich in dieser Rolle aber auch feststellen, dass Grenzenlosigkeit eben nicht existiert und wir manchmal schneller an unsere emotionalen Grenzen stoßen, als es uns bewusst ist. Daher sind das Einhalten und Absprechen von Grenzen im Vorhinein unabdingbar. Schließlich geben wir unseren Partner*innen in offenen Beziehungen einen Vertrauensvorschuss und Freiheiten, die sie in konservativen, monogamen Beziehungskonzepten nicht haben, wie zum Beispiel andere Menschen für Sex zu treffen oder sogar zu lieben.

Alte Einsichten oder neue Erkenntnisse? Es stimmt schon: Wenn wir die Rollen tauschen und eine andere Perspektive einnehmen, fällt es uns am leichtesten, unser Gegenüber zu verstehen und alte Denkmuster zu durchbrechen. Ich bin einige Male die Dritte gewesen, oder besser gesagt: die Affäre. Aus meiner Beziehung mit Felix kenne ich aber auch die andere, die Partnerinnen-Perspektive. Ich hatte meistens wenig Mitleid mit Felix' Affären, manchmal dann wiederum sehr. Je nachdem, wie es mir am besten in den Kram passte. Sehr egoistisch, das habe ich inzwischen gemerkt und im wahrsten Sinne des Wortes am eigenen Leib erfahren, eben durch meine Rolle als »die Affäre«. Das war gut so. Das habe ich gebraucht. Seitdem empfinde ich mich als viel toleranter und gütiger, mir selbst und anderen Menschen gegenüber.

Gerade, wenn mich etwas oder jemand reizt und in mir Gefühle der Unsicherheit, Eifersucht oder Angst hochkommen. Ich vergleiche mich nicht mehr so viel mit anderen, denn das habe ich früher häufiger getan, als ich es mir eingestehen wollte. Wenn ich eins gelernt habe, dann, dass der beste Beschleuniger des Kopfkinos der Vergleich ist. Daher bietet Social Media auch so einen perfekten Nährboden für schlechte Gefühle und jede Menge Kopfkino. Alle anderen sind –

zumindest gefühlt – spannender, besser, mutiger, schlanker, erfolgreicher beziehungsweise eben genau das, was du gerade nicht denkst zu sein.

Diese Gedanken lassen sich auch wunderbar auf die Affäre unserer Partner*innen übertragen, denn in unseren schwächsten Momenten voller Selbstzweifel, ist sie – oder er – auf jeden Fall eins: besser als wir.

Ein Herz für Einhörner: Julia & Chris

Ich erinnere mich an diesen einen Moment, es war während der Coronazeit, mitten im Winter, zur Zeit des harten Lockdowns. Seit Wochen hatte ich bereits niemanden mehr berührt. Ich sah Julia nach einiger Zeit bei einem Zweier-Date wieder. Zuletzt hatte ich sie zusammen mit ihrem Freund Chris für das eine oder andere sexuelle Abenteuer getroffen, wobei wir alle drei auf unsere Kosten gekommen waren. Allerdings war der Spaß dieses Mal schnell vorbei und die Enttäuschung groß – zumindest auf meiner Seite. Denn Julia fühlte sich zwar wohl, keine Frage, aber nicht wohl genug. Etwas fehlte, nein: jemand fehlte ihr. Sie schlug vor, Chris doch noch nachträglich einzuladen – wobei sie es eher verlangte. Ich konnte nicht, ich wollte nicht, ich hatte mich auf den Moment mit ihr gefreut – mit ihr allein!

Sie fing an, davon zu schwärmen, wie geil sie den Sex mit Männern finde, und erhoffte sich dadurch wohl, mich ebenfalls davon zu überzeugen, ihren Penis – sorry, ihren Freund – nachträglich doch noch einzuladen. Zuvor hatte sie, zugegeben, auch unsicherer als sonst gewirkt. Mir gegenüber, uns gegenüber. Wir küssten uns, ich streichelte sie und versuchte, ihr so nah zu sein, dass die Lücke, die ihr nicht anwesender Partner hinterlassen hatte, ihr nicht weiter auffiel. Aber falsch gedacht: Anscheinend verunsicherte sie die Situation. Sonst war sie immer äußerst direkt gewesen. Dieses Mal aber wirkte sie verhalten, ihre Küsse waren zärtlich, aber zaghaft. Irgendwann stand sie auf und fragte erneut, dieses Mal energischer, ob wir ihren Freund nicht doch einfach anrufen und dazu holen wollten. Ich lehnte erneut ab, und damit war es beschlossen: Sie fuhr nach Hause zu ihm.

Völlig okay, dennoch: Das Gefühl, nicht auszureichen oder nicht »richtig« zu sein, zumindest für den Moment, hat einen bitteren Nachgeschmack bei mir hinterlassen. Ich musste es akzeptieren, schließlich hatte ich ja keine Ansprüche geltend zu machen. Wieso auch? Einhörner stellen keine Ansprüche, denn sonst würden sie ja die perfekte Vorstellung einer Partnerschafts-Ergänzung sprengen.

Das ist allgemein schon nicht so leicht zu ertragen, aber gerade während der Pandemie, in Zeiten der Einsamkeit und eher weniger witzigen Ära für Singles, kann fehlende Nähe und Intimität wirklich grausam sein. Zumindest ging es mir so. Ich fühlte mich nach diesem Abend mit Julia nicht gut – im Gegenteil. Ich fühlte mich wie ein Dildo auf zwei Beinen. Wie das typische Klischee einer lüsternen, promiskuitiven bisexuellen Frau, die für (fast) alle(s) zu haben ist. Das Stigma der reinen Erweiterung des Lustspektrums. Erneut hatte ich das Gefühl, nicht wegen meiner Person, sondern lediglich wegen meines Körpers begehrt zu werden. Erneut fühlte ich mich sexualisiert und wenig gesehen. Das Statement »I AM NOT YOUR UNICORN« in den Biografien von größtenteils bisexuellen Dating-App-User*innen, kann ich seither gut nachvollziehen.

Wir trafen uns ein weiteres Mal, ein letztes Mal zu dritt, und zwar in der Mainacht – welch passender Anlass. Das Feuer bekamen wir nicht einmal mit, dafür erlebten wir unser eigenes. Aber dann geschah Folgendes: Unser leichter Rauschzustand wird seinen Teil dazu beigetragen haben, dass Julia sich von dem einen auf den anderen Moment in eifersüchtigen Gefühlen wiederfand und sich von uns abwandte. Ich stand ebenfalls auf und ging ins Bad.

Ich bin sehr empfindsam, was Stimmungen, aber vor allem Stimmungswechsel, betrifft. Mir war bewusst, dass ich nicht länger hier sein sollte, denn sie hatte offensichtlich mit sich zu kämpfen. Sie kam zurück und schaute mich an. Ihr Blick verriet mir alles. Ich wusste, was sie mir sagen wollte. Sie wusste nur nicht, wie. Also nahm ich ihr die Entscheidung ab: Zog mich an, umarmte beide zum Abschied und verließ die Wohnung.

Beinahe ein halbes Jahr später gestand sie mir, dass sie nicht bloß eifersüchtig auf mich, sondern auch auf ihn war. Sie hatte die Lust in meinen Augen gesehen, als ich mit ihm schlief. Dieses Gefühl hätte sie gerne in mir ausgelöst, oder genauer gesagt: Sie hätte es mir gerne besorgt. Sie fühlte sich fehl am Platz. Was für eine Ironie, denn genau dieses Gefühl machte sich in mir breit, als sie den Raum – oder damals meine Wohnung – verließ. Kommunikation ist eben alles, am besten noch im selben Moment. Das habe ich aus dieser Begegnung gelernt. Die beiden sind mittlerweile getrennt und er lebt nicht mehr in Berlin. Auch sie haben viel aus unserer Begegnung mitgenommen und gelernt. Sie ist jetzt mit einer Frau zusammen. Wir verabreden uns manchmal, lachen viel und trinken Weißweinschorle – so wie damals.

Abgrenzen lernen: Nora & Alex

Eine Erfahrung, die mir gezeigt hat, wie wichtig es ist, mich emotional abzugrenzen und die Dinge weniger kontrollieren zu wollen, war meine Affäre mit Alex, der in einer mal offenen, mal polyamoren Ehe mit Nora lebt. Alex und ich kannten uns bereits aus Studienzeiten in Bonn, aber ins Bett hatte es uns erst nach vielen Jahren verschlagen, denn erst war es mein damaliger Partner und dann seine derzeitige Partnerin gewesen, die von unserer Verbindung nicht allzu begeistert waren. Offenbar zu Recht, denn sexuell waren wir mehr als auf einer Ebene. Es stimmt schon, es führte dazu, dass ich meine Gefühle ihm gegenüber kurzzeitig nicht mehr so recht einzuordnen wusste. Die Fronten waren geklärt, aber dennoch erschrak ich in manchen Momenten vor der Intensität, die unsere Begegnungen mit sich brachten.

Welche Rolle sollte ich nun einnehmen? In dieser Dreierkonstellation mit Alex und Nora hatte ich im Verlauf erstaunlich oft das Gefühl, als Kummerkasten oder Ansprechpartnerin für die Sorgen der beiden herzuhalten. Diese Rolle gefiel mir nicht so wirklich, auch wenn ich so unbewusst Einfluss auf die Beziehung nehmen konnte – allerdings ohne darum gebeten zu haben, denn der Preis war höher als ich anfangs vermutet hatte.

Bald hörte ich mir Noras Frust an und genoss im Gegenzug Alex' ungeteilte Aufmerksamkeit, nach der ich mich dann verzehrte, wenn er sich schlagartig zurückzog, sobald unser Moment endete und unsere gemeinsame Zeit vorbei war. Er war nun mal verheiratet, auch wenn er mir das nicht einmal selbst sagen konnte und ich es durch einen Zufall über einen alten Bekannten erfuhr. Wieso hatte er es mir verschwiegen? Ich fühlte mich betrogen, weil ich dachte, dass er und ich ehrlich und offen miteinander kommunizieren würden. So offen wie seine Ehe. Eine komplexe Angelegenheit, wie ich in den folgenden Monaten hautnah erleben sollte, und die mir nicht gänzlich unbekannt war, wie ich schnell bemerkte.

Ich wurde zum Spielball für ihre Konflikte, indem ich ihr Mut zusprach, was seine schlechte Laune, Antriebslosigkeit und sein zuweilen egoistisches Verhalten betraf, während er mir immer wieder von seinen Gedankenstrudeln und depressiven Verstimmungen erzählte, die ihn teilweise recht hoffnungs-, aber in erster Linie orientierungslos zurückließen. Beruflich schien er von seinem Weg überzeugt zu sein, aber die offene Ehe ließ ihn teilweise an seine emotionalen Grenzen stoßen.

Er wollte offen leben, aber es strengte ihn offensichtlich an. Manchmal hatte ich das Gefühl, die beiden forcierten Sex mit anderen zu sehr. Er fühlte sich unter Druck gesetzt, daten zu müssen, obwohl er Online-Dating hasste. Pandemiebedingt gab es leider recht wenig Alternativen.

Die beiden schliefen nicht mehr allzu oft miteinander. Der Dating-Frust hatte sich – zumindest temporär – ins gemeinsame Bett verlagert. Hier erkannte ich Muster aus meiner offenen Beziehung mit Felix wieder. Auch wir setzten uns gerade in der Anfangsphase manchmal zu sehr unter Druck, unseren Vorstellungen von »freier Liebe« zu entsprechen, ohne dabei wirklich darauf zu achten, ob wir auch die emotionalen Ressourcen dafür besaßen. Wir hinterfragten zu selten, was wir uns wirklich von den Dates mit anderen erhofften. Stattdessen gab es im Vorfeld oft Diskussionen. Entweder passten mir die Frauen nicht, die er datete, oder er hatte etwas zu meckern, was den Zeitpunkt meiner Dates betraf. Irgendwas war immer, zumindest am Anfang. Nach einer Weile pendelten wir uns ein und begriffen, dass die ganzen Gründe nur vorgeschoben waren und letztlich den Sinn hatten, Gefühle der Eifersucht und Unsicherheit zu maskieren.

Diese Gefühle hatten wir uns gerade in der ersten Zeit nicht zugestanden, weil wir noch nicht begriffen hatten, dass wir diese erst einige Male durchleben mussten, um uns ihrer zu entledigen. Spoiler: Gefühle der Eifersucht und Unsicherheit können immer mal wieder auftauchen, es gibt kein Patentrezept dagegen – aber Strategien damit umzugehen.

Irgendwie war ich bei Alex und Nora wirklich dazwischengeraten, nicht nur sexuell. Emotional befriedigte ich sie, sexuell ihn. Entspannt waren am Ende meistens beide, ausgezehrt hingegen fühlte ich mich. Wobei das auch etwas einfach gesprochen wäre, denn der Sex mit ihm war wirklich großartig und wohl der Grund dafür, dass ich eine Weile blieb, meine Rolle akzeptierte und spielte. Irgendwann fühlte ich mich unwohl zwischen den beiden und ihren Forderungen. Wie bereits erwähnt, erinnerte mich vieles an meine letzte Beziehung: ihre Gedankenstrudel, seine Doppelmoral; ihre Angst, ihn zu verlieren; sein Schweigen, wenn er mal wieder nicht bereit war, mit ihr in den Konflikt zu gehen und seine Bedürfnisse zu äußern. Das war und ist einfach nicht sein Ding und das wusste sie, besser gesagt: das spürte sie. Manchmal hatte ich das Gefühl, dass ich an manchen Stellen instrumentalisiert wurde, um Dinge aus ihm herauszupressen, die er nicht bereit war, vor ihr zuzugeben.

Wie dem auch sei, letztlich war ich ihre erste Ansprechpartnerin, wenn er mal wieder dichtmachte und ihre Versuche, ihn zu knacken, erfolglos blieben. Manchmal frage ich mich, ob ich ihre Beziehung stellenweise wirklich entlastet habe, oder ob sie mit trauter Zweisamkeit, einer monogamen Beziehung, besser bedient gewesen wären – zumindest zu diesem Zeitpunkt.

Was ich aus dieser Begegnung gelernt habe? Es ist schwierig, in solchen Konstellationen neutral zu bleiben. Zumindest ging es mir so, denn zu oft konnte ich ihre Gedanken nachvollziehen und ihre Wut verstehen. Er ähnelte meinem Exfreund Felix in vielen Dingen, das machte mich parteiisch. Ich hielt zu ihr, wies ihn zurecht und hatte am Ende keine Lust mehr auf ihn, fand ihn weniger anziehend, denn er machte dieselben Fehler wie Felix. Nicht unbedingt sehr fair, ich weiß. Aber fair geht es in der Liebe leider oftmals nicht zu, dafür sind zu viele Gefühle im Spiel. Und Genitalien. Am Ende zählt, wer doch tiefer drinsteckt als gedacht. Und damit meine ich emotional.

Irgendwann begriff ich, wie viel Projektion und Erwartungen auf dieser Verbindung lasteten. Projektionen meinerseits, weil ich meine Exbeziehung unbewusst immer wieder mit ins Spiel brachte – zumindest gedanklich. Allein das beeinflusste meine Reaktionen und Handlungen mehr, als ich mir eingestehen wollte. Erwartungen seinerseits, denn er sah in mir die Zuhörerin, Liebhaberin und gleichzeitig kumpelhafte Verbindung für den Alltag. Daraus musste ich mich befreien. Es war zu viel für mich. Ich gab viel und erhielt am Ende des Tages wenig. So kam es mir zumindest in regelmäßigen Abständen vor, wenn ich wieder einmal stundenlang ihren Beziehungsproblemen gelauscht und mich ihnen angenommen hatte, aber im Gegenzug nicht einmal nach meiner aktuellen emotionalen Bedürfnislage gefragt wurde. Zehrend.

Einseitige Herausforderung offene Beziehung: Sophie & Peter

Ich lernte Peter kennen und einige Monate später Sophie. Sie lebt in Hamburg und verbringt ihre freien Tage in Köln. Dort sollten wir uns alle begegnen. Die beiden lernten sich im Urlaub kennen, wanderten den gleichen Pfad auf Teneriffa an der Ostküste entlang und dateten sich seit kurzer Zeit. Sie waren, wahrscheinlich auch aufgrund der räumlichen Trennung, dabei, eine offene Beziehung einzugehen, die bereits zu Beginn keinerlei Verbindlichkeiten unterworfen sein sollte. Sie gehörten zu den Paaren, bei denen die größte Herausforderung darin bestand, dass der Drang, andere Menschen zu daten, bei einem von beiden – in dem Falle bei ihm – größer war. Dadurch fühlte Sophie sich ständig zurückgesetzt oder zu wenig gesehen. Auch die Angst, dass alles nicht ewig aufrechterhalten zu können, erkannte ich in ihren Augen. Sie war bis über beide Ohren in Peter verliebt und stellte ihre Bedürfnisse vollends zurück. Ich hatte oft Mitleid mit ihr, weil sie es nicht schaffte, für sich und ihre Interessen einzustehen.

Sie verriet mir in einem ehrlichen Moment, dass die offene Beziehung nicht ihrer Wunschvorstellung entsprach – seiner hingegen schon, weswegen sie das alles in Kauf nahm. All das Leid und die Tränen, die schlaflosen Nächte und rastlosen Gedanken, in denen sie immer und immer wieder durchspielte, wo und mit wem er sich gerade rumtrieb. Und das passierte oft. Viel zu oft, meiner Meinung nach. Ich hatte Mitgefühl mit ihr, aber gleichzeitig machte mich ihre Passivität und *neediness* wütend. Sie hat so ziemlich das Bild einer Frau präsentiert, die ich niemals sein wollte. Nein, anders formuliert: das Bild einer Frau, wie die Gesellschaft es gerne hätte.

Ich musste mir am Ende eingestehen, dass meine Gefühle der Wut und manchmal sogar Verachtung ihren Ursprung woanders hatten, denn auch ich bin in meiner offenen Beziehung immer wieder Kompromisse eingegangen. Sei es, um das Ego meines Partners zu schützen, wenn er vor Eifersucht tobte, weil er sich von anderen Männern bedroht fühlte und ich daher auf Verabredungen verzichtete, oder wenn ich meine Bedürfnisse zurückstellte und wieder mal mit ihm zu Hause blieb, weil er sich einfach nicht danach fühlte, unter vielen Menschen zu sein.

Warum ich trotzdem, ähnlich wie Sophie, an dem offenen Beziehungskonzept – und Felix – festgehalten habe? Es ist ein großartiges Gefühl, wenn etwas funktioniert, das nicht zwangsläufig der gesellschaftlichen Norm entspricht. Ich habe es damals als eine bereichernde Erfahrung empfunden und tue es auch immer noch. Ich bin selten so gewachsen wie in dieser Zeit.

Rückblickend sind wir beide, Felix und ich, immer wieder über unsere Grenzen hinausgegangen und haben uns gegenseitig Dinge zugestanden, die wir anfangs noch nicht für möglich gehalten hätten. Wenn unsere Beziehung eins war, dann immer in Bewegung. Natürlich habe ich von den Fortschritten auch profitiert und jedes Zugeständnis an ihn war gleichzeitig ein Stück mehr Freiheit für mich. Ein schöner Deal. Das gilt aber im Umkehrschluss genauso: Jedes Verbot, dass ich ihm gegenüber ausgesprochen habe, hat mir im gleichen Moment auch ein Stückchen Freiheit genommen.

Sophie und ich haben bis heute Kontakt. Sie hindert Peter weiterhin nicht daran, ihre Grenzen zu überschreiten und zergeht regelmäßig in Liebeskummer. Sein Wille dominiert ihre Beziehung. Er entscheidet am Ende des Tages, wie viele an ihrem Liebesglück teilhaben, denn wenn es nach Sophie ginge, wäre das, um ehrlich zu sein, niemand außer ihnen beiden.

Sie will es wirklich versuchen. Versuchen, sich für ihn zu verändern. Sie ist ihm verfallen, sie wirkt emotional unglaublich abhängig – von seiner Gunst, Liebe und Aufmerksamkeit. Wenn ich ihr zuhöre, bekomme ich einen ganz anderen Menschen präsentiert als den Peter, den ich damals selbst gedatet habe. Ein Beweis für mich, wie unterschiedlich wir uns in verschiedenen Dynamiken verhalten. Der Spruch »Der ist halt so, ich muss es akzeptieren« geht mir daher nicht so einfach in den Kopf. Wie kann sie ihn als manipulativen, rücksichtslosen, sturen Egomanen empfinden, wenn ich ihm gerade diese Charaktereigenschaften niemals zuschreiben würde? Und warum ist sie überhaupt weiterhin mit ihm zusammen, wenn das ihr Bild von ihm ist?

Der Beweis für mich, dass der Großteil ihres Frusts daher rührt, dass sie ihre Grenzen nicht setzt, indem sie sie einfach kommuniziert, sondern lediglich darauf bedacht ist, seine einzuhalten und ihre eigenen zurückzustellen, um genügend Freiraum für seine launenhaften Grenzerweiterungen zu lassen.

Ein wichtiges Learning, das ich während meiner offenen Beziehung selbst machen musste: Am meisten bereut habe ich nur die Dinge, die ich zugelassen habe, weil ich stärker wirken wollte, als ich es in dem Moment war, oder, weil ich nicht in der Lage war, meine Grenzen zu kommunizieren, aus Angst, Felix zu verlieren, was dann am Ende eben doch passiert ist. Nein, die Formulierung stimmt nicht, es müsste heißen: »Wir haben uns verloren.«

Wir sind nun mal nicht mehr zusammen. Ich brauchte hingegen eine Weile, bis ich mich wieder »zusammen« hatte. Viel schien in den Jahren verloren gegangen zu sein und der Grund hierfür war mein Schweigen. Nur Sprechenden kann geholfen werden! Ich liebe diesen Satz. So wahr! Das wurde mir nach dieser Begegnung mit Sophie und Peter noch einmal besonders bewusst.

Wenn Sexualisierung bestraft wird: Josy & Dennis

Milena, die Affäre, hatte eigentlich ein Match mit Josys Freund Dennis gehabt. Die beiden hatten sich jedoch nie allein getroffen, sondern gleich zu dritt. Warum auch nicht? Spaß wird schließlich nicht weniger, wenn man ihn teilt – im Gegenteil!

Sie trafen sich auch danach noch einige Male zu dritt, aber irgendwann stellte sich immer deutlicher heraus, dass Dennis in manchen Momenten eher Störenfried als Spielgefährte war. Die beiden Frauen fingen an, sich alleine zu treffen, redeten viel und kuschelten lang. Josy genoss die vielen Zärtlichkeiten enorm, denn ihr Freund hatte ihr gegenüber zuletzt nicht wirklich viel Rücksicht genommen.

Es lief viel nach seiner Nase, am Ende war es oftmals sein Wille, der die Beziehung und ihr Miteinander bestimmte. Sie lebten offen, wie einige in ihrem Bekanntenkreis seit geraumer Zeit. Jedes Paar auf seine Art und Weise, einige Muster wiederholen sich allerdings stets. Auch Dennis hatte, wie so viele seiner männlichen (Leidens-)Genossen, ein größeres Problem damit, wenn seine Freundin andere Männer traf. Andere Frauen störten ihn nicht wirklich, warum auch? Schließlich handelte es sich hierbei vorrangig um eine heiße Sexfantasie mit der Chance auf Teilnahme – geil!

Josy hatte es akzeptiert und irgendwie auch nicht wirklich Lust auf andere Männer. Er war bereits dominant genug, allerdings auf die negative Art. Er ließ den Macho raushängen und maß des Öfteren mit zweierlei Maß. Er traf schließlich viele Frauen und erzählte ihr auch davon, immer beteuernd, dass sie einzigartig und etwas ganz Besonderes sei, anders als die anderen – natürlich. Nun ja, die anderen durften immerhin nebenher noch mit anderen Männern schlafen, sie nicht.

Zugegeben, ein interessanter Deal, aber sie war ja, laut seinen sich wiederholenden Aussagen, bisexuell, was er hingegen nicht sei, und daher sei es für sie ja eigentlich das Gleiche, ob sie Männlein oder Weiblein treffe. Da könne sie ihm zuliebe ja auch einfach nur Frauen treffen, um sein inneres Kind zu schützen: seine Ängste nicht zu nähren, aber auch nicht verhungern zu lassen und seine Nerven zu schonen … Außerdem sorgte sie zusätzlich noch für geile Gedanken und Vorstellungen, die er in seiner Fantasie zum Beispiel beim Wichsen fortan benutzen konnte. Klasse.

Josy lief durch die Straßen und dachte viel nach. In der letzten Zeit fiel ihr Dennis' Heuchelei immer mehr auf und sie hatte keine Lust mehr, ständig Rücksicht auf seine wechselnden Gefühlslagen und kleinen Eifersüchteleien zu nehmen. Was hatte sich geändert? Was war passiert? Nun ja, zwischenzeitlich hatte es sich ergeben, dass sie immer mehr Gefühle zu der schönen Frau aus der anfänglichen Dreierbegegnung aufbaute. Diese waren nicht einseitig, denn auch Milena hatte sich ein klein wenig verliebt. Nicht in ihn – in sie.

Dennis war misstrauisch geworden und versuchte, die Verbindung der beiden Frauen zu stören. Sie bemerkten es und wussten nicht mehr, wie sie sich voreinander richtig verhalten sollten. Es wirkte befremdlich. Die Begegnungen zu dritt wurden immer schwerer, und die anfängliche Leichtigkeit war gänzlich verflogen. Also trafen Josy und Milena sich nur noch zu zweit, und Dennis wurde hellhörig. Er suchte das Gespräch mit seiner Freundin, doch die war bereits nicht mehr so empfänglich für seine Dämonen.

Also tat er das, was wohl jeder von uns tut, wenn er verzweifelt ist: Er drohte ihr, wenn auch indirekt. Wenn das so sei, also wenn sie jetzt wirklich eine Art Neben-Beziehung, eine ernsthafte Affäre, zu der Neuen in ihrem Leben aufbauen wolle, ohne ihn, dann müsse er sich eben auch eine Frau zur Kompensation suchen. Vorteil vor, Vorteil rück, Ausgleich. Wie beim Tennis. Wie in einem Wettkampf.

Natürlich kann es im ersten Moment sehr verunsichernd sein, wenn der*die Partner*in sich in die Affäre verliebt und eine exklusive Bindung neben der Hauptbeziehung aufbauen will. Daher ist der Gedanke, einen Ausgleich schaffen zu wollen, gar nicht mal so verkehrt, oder anders gesagt: nachvollziehbar.

Aber war, in dem Fall, Dennis nicht derjenige, der mit seinem egozentrischen Handeln und dem Zweierlei-Maß-Messen die Situation provozierte? Er, der sich hinter den diskriminierenden Klischees von Bisexuellen versteckt hatte und jetzt die Konsequenzen spüren musste. Was ich genau damit meine? Er hat Josy das romantische gleichgeschlechtliche Verlangen abgesprochen, indem er sie und Milena zu reinen Sexobjekten degradiert hat. Am Ende hat ihre Kompromissbereitschaft seine Angst wahr werden lassen. Seine Geilheit wurde ihm zum Verhängnis. Er sah die Gefahr lediglich in einem anderen Mann, nicht aber in einer Frau. Sieg dem Patriarchat, nicht! Es verblendet die Männer und unterschätzt die Frauen.

Vielleicht war Josy jetzt einfach mal dran. Klar hatte sie nun eine etwas tiefergehende Affäre, aber dafür hatte er zuvor unzählige Frauen für

Sex gedatet. Sie hingegen keinen einzigen Mann. Wieso stellte er also bereits jetzt wieder eine Bedingung, ist Liebe nicht eigentlich bedingungslos? Am liebsten wäre es ihm, wenn sie die Affäre beenden oder in eine rein platonische Freundschaft umwandeln würde. Andernfalls müsse er sich eben nach einer gleichwertigen Ersatzpartnerin umsehen. Seine Definition von »für jemanden etwas ganz Besonderes sein« ging wohl vorrangig mit besonderen Restriktionen und Besitzansprüchen einher. Alles aus der Angst heraus, sie zu verlieren. Intaktes Selbstbild? Fehlanzeige! Wenn wir uns selbst als liebenswerter empfinden; uns selbst lieben, haben wir im Umkehrschluss auch weniger Probleme damit, unserem Partner volles Vertrauen entgegenzubringen; aus Liebe zu handeln … und nicht aus dem Ego, aus verletzten oder schlechten Gefühlen heraus. Mal davon abgesehen: Wieso ging er davon aus, dass sie nur auf den Absprung wartete? Wieso sollte das der Fall sein? Denken wir nicht eher daran, warum wir mit jemandem zusammen sein wollen, und nicht, warum wir eigentlich lieber mit jemand anderem zusammen wären?

Josy war das bereits bewusst und sie versuchte immer wieder, seine Eifersucht und sein egoistisches Verhalten zu tolerieren. Sie redete sich ein, dass Dennis nichts dafür konnte, denn er hatte viel zu tragen, auch aufgrund seiner Erlebnisse als Trennungskind. Er wirkte oft wütend, handelte meist aus Angst. Dann begriff Josy, dass seine Ängste auch zu ihren Ängsten wurden. Zu lange schon hatte sie sie ertragen müssen, tragen wollen.

Sie wurde im Folgenden immer nervöser, beendete die Affäre, datete erst einmal gar nicht mehr und zog sich immer mehr zurück. Wie es weiterging, kann ich nicht sagen. Irgendwann verloren wir den Kontakt, und gemeinsame Bekannte oder Freund*innen hatten wir nicht wirklich. Einmal bekam ich durch Zufall während eines Besuchs in der Heimat mit, dass sie mittlerweile getrennt waren und sie ihren Traum verwirklicht und eine längere Reise nach Australien angetreten hatte. Das klang für mich eigentlich schwer in Ordnung.

Versteht mich nicht falsch, natürlich kann jedes Paar für sich entscheiden, wer wen datet. Aber es muss eben im beidseitigen Einverständnis geschehen und nicht damit einhergehen, dass das Schutzgeld für die Ängste der einen auf Kosten des emotionalen Glücks der anderen gehen.

Warum ich diese Geschichte erzähle? Weil sie mich teilweise an die Diskussionen zwischen mir und meinem Exfreund oder bisexuellen Freund*innen erinnert, in denen die immer gleichen Herausforderungen und starren Denkweisen ans Licht kamen, die meines Erachtens immer noch tief in den Köpfen der Gesellschaft verankert sind. Auch bei uns. Warum sonst ist es so oft und für so viele, in diesem Fall Männer, eine weitaus größere Herausforderung, wenn ihre Partnerinnen nicht gleichgeschlechtlich daten? Klar, sie können sich mit einem Mann eher vergleichen als einer Frau, oder non-binären, geschweige denn intergeschlechtlichen, Menschen. Und vielleicht hat ihre Partnerin zuvor keine romantischen Beziehungen mit einer anderen Frau gehabt, weswegen sie hier keine Bedrohung des gemeinsamen Beziehungsglücks sehen.

Dennoch ist ein Verbot, beziehungsweise die Bedingung, nur gleichgeschlechtlich zu daten, während für einen selbst andere Regeln gelten, einfach nicht fair. Schließlich könnte, in diesem Fall, er sich ja beim erlaubten Fremdgehen verlieben und derjenige sein, der das gemeinsame Beziehungsglück dadurch in Gefahr bringt. Das ist für mich der Inbegriff von mit zweierlei Maß messen, aber mir ist gleichermaßen bewusst, dass es sich hierbei um ein (Gedanken-)Produkt des Patriarchats handelt. Toxische Männlichkeit lässt grüßen, davon muss Mann sich auch erst einmal befreien, ebenso wie manche Frauen sich ihrer strukturellen Unterdrückung erst bewusst werden müssen. Alle leiden unter dem Patriarchat – ALLE.

Alles eine Frage der Kommunikation

Follower*innen, Leser*innen und Hörer*innen haben ihre Einhorn-Erfahrungen mit mir geteilt, und ich war verwundert, wie viele Überschneidungspunkte es gab. Auch sie erlebten sich selbst zusätzlich in der Rolle des Sprachrohrs und der Vermittler*innen. Sie hatten ebenso wenig darum gebeten, waren gleichermaßen in die Rolle hineingerutscht. Intimität schafft eben auch Vertrautheit. Das darf Mensch nicht unterschätzen. Natürlich können Affären auch rein sexueller Natur sein. Aber ich für meinen Teil habe gemerkt, dass, wenn ich jemanden date, der in einer festen Verbindung ist und ich zwangsläufig auch seine Partner*innen kennen und mögen lerne, es über das Sexuelle hinausgeht. Dann ist das eben mehr als »einfach nur Sex«. Denn dann entwickle ich Mitgefühl für beide Parteien und höre mir ihre Gedanken an, auch wenn ich mittlerweile strengere Grenzen setze.

Aber in erster Linie sehe ich ihre Offenheit als einen Vertrauensbeweis und Geschenk. Ich wüsste nicht, ob ich so handeln würde. Meiner Vergangenheit nach zu urteilen, würde ich es nicht tun. Ich habe Felix' Affären nie wirklich kennengelernt, wenn nur flüchtig. Ich hatte auch wenig Interesse an dem Ablauf oder der Art von Verbindung, die er zu ihnen hatte. Außer, wenn sie bedrohlich für unsere Zweisamkeit wurden. Dann wäre es an ihm gewesen, mir das zu sagen. Andersherum genauso, das war der Deal.

Aber was nützen all diese Bedingungen, wenn auf dem Weg trotzdem einiges verloren geht? Was ich damit meine? Kommunikation ist nicht gleich Kommunikation. Man kann auch viel sagen, ohne wirklich etwas mitzuteilen. Wer kennt es nicht: Freund*innen, die plötzlich verlassen wurden und immer wieder zwischen ihrem Schluchzen ein »Wieso hat er*sie es denn nicht früher gesagt? Wir hätten doch gemeinsam daran arbeiten können« hervorpressen.

So erlebte ich es am Ende auch in meiner eigenen Beziehung. Wir redeten viel, aber nicht über die Dinge, die uns wirklich bewegten – und schließlich voneinander entfernten. Monatelang hatte ich bereits gespürt, dass einiges im Argen lag, aber anstatt zu sprechen, wählte Felix den Weg des Schweigens und präsentierte mir seinen Entschluss, beziehungsweise seine nicht mehr vorhandenen Gefühle, von heute auf morgen auf dem Silbertablett. Es war zu spät, die Wunden tief, das Interesse versiegt und die Energie weiterzukämpfen auf dem Weg verloren gegangen. Ich will ihm deswegen gar keinen Vorwurf machen. Zu einer Konversation gehören immer zwei Menschen. Das heißt, wenn ich erwarte, dass der*die andere ehrlich zu mir ist, muss ich ihm*ihr auch den Raum dafür geben. Ich weiß, wie ich sein kann, wenn ich wahrnehme, dass etwas in der Luft ist, der*die andere aber noch nicht bereit ist, darüber zu sprechen. Der geduldigste Mensch bin ich definitiv nicht, und dass das andere einschüchtern kann, ist mir sehr wohl bewusst. Es liegt also auch an mir, ob mein Gegenüber die Chance bekommt, sich zu öffnen oder nicht.

Als Single in Berlin, vorrangig als Einhorn, habe ich mitbekommen, wie sehr beide Partner*innen selbst nach Jahren in einer offenen Beziehung noch unter Eifersucht leiden können und wie verzwickt offene Kommunikation sein kann. Denn offen leben bedeutet nicht zwangsläufig, offen zu reden. Ein guter Merksatz. Ich habe den meisten von ihnen jedes Mal geraten, noch mal wirklich in sich hineinzuhören. Den Rat hätte ich mir damals in meiner offenen Beziehung selbst öfter geben sollen. Mir war rückblickend auch nur eine extrem verzerrte Sicht möglich. Gerade, wenn ich von wilden, intensiven Emotionen erfasst wurde und nicht wusste, wohin mit all der Energie. Eifersucht und Angst vor Kontrollverlust sind schöne Beispiele dafür. Ein ätzender Gefühlscocktail, der mich viele Kilometer durch die Wälder und Straßen hat joggen lassen und mir in manchen Nächten den Schlaf geraubt hat.

Aber vor seinen Gedanken kann Mensch nicht wegrennen. Höchstens zeitweise. Ich hatte oft das Gefühl, wenn ich mit meinen Affären über ihre (Beziehungs-)Probleme sprach, dass ich mich in vielen ihrer erzählten Geschichten und Sorgen wiederfand. Mal in der einen, mal in der anderen Rolle. Jetzt sehe ich die Dinge aus der Ferne und damit weniger emotionsgeladen und kann daher Probleme und Verhaltensweisen gut einordnen. Wenn meine Affären mich also nach einem Rat für ihre offenen Beziehungen fragen, versuche ich, ihnen mittels direkter Bezugnahme auf ihre Ängste und negativen Gefühle aufzuzeigen, woran sie selbst noch arbeiten könnten und wo der Kern des Problems vielleicht liegen mag. Denn eins habe ich gelernt: Direkte, unangenehme Fragen, denen wir nur schwer ausweichen können, haben meistens das größte Potenzial, eine ehrliche, beziehungsweise zielführende, Antwort hervorzubringen. Mein Beispiel will ich schließlich keinem aufdrücken, dafür sind (Beziehungs-)Dynamiken und Menschen im Allgemeinen zu verschieden, Herausforderungen zu individuell. Aber ich kann Fragen weitergeben, die ich mir damals gestellt habe, oder die ich jetzt für mich beantwortet habe, ohne zu wissen, dass ich sie mir früher bereits hätte stellen sollen. Die Antworten darauf hätten mich wahrscheinlich die Dinge klarer sehen lassen.

Eine turbulente Beziehungsdynamik mit wenigen Ruhephasen habe ich bei mir selbst und anderen offen lebenden Paaren immer wieder beobachtet. Irgendwann erkannte ich ihr »Thema« und zog mich aus ihren Zwisten zurück. Das geschah mal mehr, mal weniger schnell. Die einen erzählten mehr, die anderen weniger. Aber alle hielten sich eher bedeckt und ließen nur ihrem größten Frust freien Lauf. Irgendwann erkannte ich bei Alex und Peter bereits an ihren Gesichtern, wenn das Handy klingelte und der Name der Liebsten im Display aufleuchtete, ob angespannte oder euphorische Stimmung herrschte.

Ihre Partnerinnen kontaktierten mich viel und zeigten großes Interesse an meiner Person. Kein sexuelles, sie waren einfach interessiert. Was ich so mache, wer ich eigentlich bin. Ich fand das sehr schön und habe großen Respekt vor ihnen. Sie haben mir nie das Gefühl gegeben, irgendwie fehl am Platz zu sein. Selbst wenn »der Haussegen schief hing«, bekam ich nichts ab und wurde eher um Rat gefragt als auf Abstand gehalten. Sie ließen mich an ihrem Beziehungsleben teilhaben.

Versteht mich nicht falsch: Es gibt natürlich auch Verbindungen dieser Art, die ganz wundervoll funktionieren und wo alle Teilnehmer*innen ihre Bedürfnisse, Unsicherheiten und Ängste kundtun können, ohne dass dabei unangenehme Erwartungen oder (un-)gerechtfertigte Ansprüche entstehen. Verbindungen sind so divers und verschieden wie sexuelle Orientierungen und Identitäten.

Das Einzige, was ich daher immer allen rate, ist Offenheit. Grenzen im Vorhinein absprechen, respektvoll im Moment miteinander sein. Es kommt am Ende darauf an, wie man die Dinge kommuniziert. Selbst, wenn einer im Verlauf des Abends merkt, dass ihm*ihr nicht wohl bei der Sache ist, selbst wenn es einem erst während des Sex bewusst wird, können die richtigen Worte entscheidend sein. Oder eben die falschen. Ein intimer Moment ist sehr fragil, und gerade in Dreierkonstellationen besonders schnell zu erschüttern. Mehr Menschen, mehr Bedürfnisse, mehr Ängste – mehr diplomatisches Geschick nötig.

Grenzen setzen will gelernt sein

Mir ist bewusst, dass meine Rolle als Bi-Aktivistin und Frau, die sich öffentlich mit Sexualität und Beziehungen auseinandersetzt, viel Angriffsfläche bietet. Regelmäßig erhalte ich zahlreiche sexistische Kommentare und auch Beleidigungen als Feedback auf meine Arbeit, wodurch ich merke, wie viel leider immer noch falsch läuft und woran wir dringend arbeiten müssen. Und zwar daran, patriarchalische, rassistische sowie sexistische Machtstrukturen aufzubrechen, die Gleichstellung aller Geschlechter voranzutreiben sowie ein Bewusstsein dafür zu schaffen, was okay ist und was nicht.

Immer wieder schreiben Leser*innen, sie wären auch gern so tough und selbstbestimmt wie ich, doch damit ich trotz Anfeindungen weiterhin öffentlich über Sex sprechen kann, musste ich selbst lernen, Grenzen zu setzen und darauffolgende negative Reaktionen nicht so nah an mich heranzulassen.

Wer viel datet, gelangt auch eher mal in unangenehme Situationen. Viele Dates, ein unerwünschter Überraschungsgast, einige skurrile Begegnungen im Waschsalon sowie im Park und (mindestens) eine toxische Beziehung später, rückte das Thema Konsens immer mehr in den

Fokus meiner Arbeit. Warum? Weil es eben nicht immer einfach ist, seine Bedürfnisse zu kommunizieren oder »Nein« zu sagen. Auch ich habe mich in unangenehmen Situationen wiedergefunden, in denen ich mich hilflos fühlte und nicht so recht wusste, wie ich reagieren sollte.

Neinsagen war eigentlich nie mein Problem, dachte ich. Jetzt kann ich es wirklich. Die Erlebnisse, die ich hatte, halfen mir dabei, mir darüber bewusst zu werden, inwiefern ich mich schützen kann und muss. Dinge, die für mich selbstverständlich sind, sind es eben nicht für jeden Mensch. Mein Gegenüber kann mir weder meine Wünsche noch meine Ängste von den Lippen ablesen, daher bin ich selbst dafür verantwortlich zu kommunizieren, was mir (so gar nicht) passt. Was nicht heißen soll, dass »nichts sagen« mit einem »ja« gleichzusetzen ist. »Wer schweigt, stimmt zu« hat hier nichts zu suchen.

Aber warum fällt es einem trotzdem manchmal so schwer? Ein »Nein« hat immer etwas Zurückweisendes an sich, und das wollen wir, in den meisten Fällen, am wenigsten: jemanden zurückweisen, ein schlechtes Gefühl geben. Darüber hinaus ist es nicht immer leicht, die eigenen Bedürfnisse zu kennen. Gerade beim Sex befinden wir uns oftmals auf unsicherem Terrain, denn hier kommt die »nackte Wahrheit« zum Vorschein. Ein Zustand, in dem wir uns besonders zerbrechlich und angreifbar fühlen – die eine mehr, der andere weniger.

Aber was ist Konsens überhaupt und wann genau ist der Moment, in dem ich mir die Bestätigung einhole oder Grenzen setze? Das möchte ich im Folgenden an einigen persönlichen Beispielen, die mir in den letzten Jahren widerfahren sind, genauer beleuchten.

Spoiler: Es kann dafür höchstens zu spät sein, aber niemals zu früh. Außerdem ist es okay, seine Meinung zu ändern und mittendrin aufzustehen, wenn einem etwas gegen den Strich geht. Selbst ein inniger

Kuss ist kein Freifahrtschein fürs Grabschen, geschweige denn eine Zusage für einen Blowjob. Als empathische Wesen sind wir in der Lage dazu – oder sollten es zumindest sein –, gewisse körperliche Anzeichen wie Blicke, Atmung, Entspannung, aber eben auch Anspannung nicht nur bei uns, sondern auch unserem Gegenüber zu spüren und zu deuten. Ansonsten einfach fragen oder der anderen Person wenigstens den Raum geben, sich zu äußern. Es kann nämlich überfordernd sein, wenn eine Zunge wild in deiner Mundhöhle wühlt und du in die Couch oder gegen eine Wand, wahlweise auch Tür, gedrückt wirst.

Aber leider gibt es auch Situationen, in denen wir gar nicht die Wahl haben, uns im Vorfeld zu äußern, zum Beispiel weil wir nicht bei Bewusstsein sind oder unter Drogeneinfluss stehen, wie die folgende Geschichte zeigt. Es ist mittlerweile zwei Jahre her, aber dennoch ploppen die Erinnerungen an diese Nacht auch heute noch in meinen Gedanken auf.

Der ungebetene Gast

Nach einem gelungenen Abend mit meinen norwegischen Mitbewohnerinnen schaffte ich, zu Hause angekommen, noch mich zu waschen und umzuziehen, bevor ich betrunken und müde ins Bett fiel, wo ich auf der Stelle einschlief. Irgendwann, keine Ahnung wie viel Uhr es war, wachte ich auf und war immer noch total benebelt. Im Zimmer war es stockdunkel. Plötzlich merkte ich im Halbschlaf, dass ich nicht allein im Bett war. Jemand machte an mir rum! Ich wurde am Nacken geküsst und fühlte, wie mein Rücken und meine Brüste gestreichelt wurden.

Ich wusste nicht, ob ich noch träumte oder wirklich wach war. Kurz dachte ich sogar, dass ich vielleicht jemanden von der Party »abgeschleppt« und es einfach nur vergessen hatte – ich hasse diese Formulierung, weil sie eine Form von Passivität suggeriert, die das Gegenüber im gleichen Atemzug zum Objekt degradiert; abgeschleppt werden normalerweise Autos. Dann verfiel ich in Schockstarre, weil ich dachte: Das musste ein Einbrecher sein. Ein Vergewaltiger!

Als er mich auf Englisch fragte, ob ich ein Kondom hätte, löste sich meine Starre. Ich sprang auf und flüchtete ins Badezimmer, wo mir eines klar wurde: Meine Mitbewohnerinnen mussten heimgekehrt sein und noch jemanden mitgenommen haben, der sich dann wohl in der Tür geirrt hatte.

Nachdem ich mich beruhigt hatte, ging ich zurück in mein Zimmer, machte das Licht an und verkündete dem Mann, den ich in meinem Bett vorfand, dass ich nicht die war, für die er mich hielt. Dem Typ war die Situation mehr als peinlich, er entschuldigte sich mehrmals und war gefühlt noch schneller draußen, als ich zuvor aus dem Zimmer geflüchtet war. Nach dieser Nacht ließ mich der Gedanke daran, dass es ihn scheinbar nicht gestört hat, dass ich alles andere als bei Sinnen war, nicht mehr los. Ich hatte offensichtlich nicht mitgemacht, geschweige denn meine Zustimmung gegeben.

Als ich über meine Erfahrung sprach, hörte ich viele Geschichten von anderen Frauen, die mich zum Nachdenken anregten. Einige von ihnen hatten Ähnliches erlebt. Nachts nach oder sogar noch während einer Party, als sie sich ins Bett oder auf die Couch legten, weil ihnen nicht gut war, oder sie etwas zu viel getrunken hatten, fanden sie sich ebenfalls in ungebetener Gesellschaft wieder. Manche von ihnen erzählten, dass selbst bei Menschen, denen sie eigentlich vertrauten und klare Grenzen gesetzt hatten, der Alkohol am Ende dafür sorgte, dass die Hand doch unter das T-Shirt wanderte, während man sich aus kumpelhafter Vertrautheit das Bett teilte. Nicht cool! Die Aktion ebenso wenig wie die Ausrede, dass es am Alkohol gelegen habe. Dass es sich hierbei bereits um eine Straftat, um sexuelle Belästigung, wenn nicht sogar Nötigung, handelt, ist vielen bis heute leider nicht bewusst.

Es ist nicht okay, jemanden ungefragt anzugrabschen. Egal, ob es sich um Freund*innen oder Bekannte handelt und bestimmt nicht, weil man sich ein Bett teilt und Alkohol im Spiel ist. Kein Nein bedeutet eben nicht automatisch ein Ja. Allerdings ist mir in der Vergangenheit immer wieder aufgefallen, wie schwer sich manche damit tun, körperliche Signale wie Verkrampfen richtig zu deuten (oder vielleicht ignorieren sie sie sogar bewusst?).

Sich »tot zu stellen« in der Hoffnung, dass der*die andere schon merken wird, dass es einem nicht sonderlich gut gefällt, bringt daher leider nichts. Deshalb ist es wichtig, in solchen Momenten für sich einzustehen und »Nein« zu sagen, oder denjenigen beziehungsweise diejenige wegzudrücken und somit mit Nachdruck zu signalisieren, dass man kein Interesse hat. Aber mir ist bewusst, dass einige auch in Schockstarre verfallen und sich wirklich nicht wehren können. Das will ich nicht wegreden.

Das Ende vom Lied war, dass ich über Monate hinweg die Rollos nicht ganz herunterließ, damit fortan auch in der Nacht ein wenig Licht ins Zimmer schien. Irgendwie fühlte sich das besser an – sicherer. Es half, auch, wenn es natürlich nur eine Illusion ist. Aber das ist eine Notausstiegsprozedur im Flugzeug in Tausenden Metern Höhe auch.

Handarbeit im Waschsalon

Eines vormittags, als ich mal wieder im Waschsalon saß und las, während ich auf meine Wäsche wartete und das Wetter draußen zu schlecht für einen Spaziergang war, fand ich mich auf einmal in einer besonders irritierenden Situation wieder. Ich war aufgestanden, um meine frisch gewaschene Wäsche in den Trockner zu verfrachten und bemerkte nicht, wie just in diesem Moment ein Mann in den Waschsalon kam und sich auf die Bank setzte, auf der ich kurz zuvor noch gelesen hatte. Wir waren allein, der Laden etwas versteckt und von außen konnte man nur schwer hineinsehen, aber ich dachte mir nichts dabei. Bis mir auf einmal bewusst wurde, wie sehr er mich mit seinem Blick fixiert hatte. Ein wirrer Blick, der mich stutzig werden ließ. Ich schaute an ihm herunter und begriff, dass er dabei war, sich einen runterzuholen, die Augen weiterhin starr auf mich gerichtet.

Ich war so perplex, dass mir erstmal nur ein provokant fragendes »Dein Ernst?« entglitt. Er reagierte nicht und ich nahm mein Handy in die Hand, überlegte, ob ich die Polizei oder die Notrufnummer vom Waschsalon, die mir von einem Schild über dem Trockner entgegenstrahlte, anrufen sollte. Ich hielt mir das Handy vors Gesicht, wahrscheinlich, um mich vor seinem Blick zu verstecken, er hingegen dachte vermutlich, ich würde ihn fotografieren und rannte fluchtartig aus dem Salon. So einfach ist das also, dachte ich. Aber klar, wieso hatte ich daran auch nicht als Erstes gedacht? Das wäre doch bestimmt prima für die Polizei gewesen. Quasi direkt eine Anzeige inklusive Täterfoto. Besser als jede Beschreibung. Aber Moment, sollte ich jetzt überhaupt noch die Polizei rufen? Schließlich war nicht wirklich etwas passiert. Das Ganze hatte vielleicht zwei Minuten gedauert, wenn überhaupt.

Ich ertappte mich selbst dabei, wie ich anfing, den Übergriff zu verharmlosen. Ein weiteres Problem in unserer Gesellschaft – und ich war ein Teil davon. Sätze wie »Ach, jetzt hab dich doch nicht so, ist ja nichts passiert« sind ein gutes Beispiel hierfür. Spannend, genau diesen Satz bekam ich dann im Anschluss immer wieder zu hören. Von Bekannten, aber auch von meiner Familie, die ich gleich geschockt anrief. Ich solle einfach glücklich darüber sein, dass mir nichts weiter passiert sei, ich eben keine sichtbaren Schäden davongetragen habe. Nur, weil Betroffene nicht zwangsläufig mit blauen Flecken oder einem zugeschwollenen Auge durch die Gegend laufen, heißt das nicht, dass ihnen nichts Schlechtes, oder in dem Fall: Übergriffiges, widerfahren ist.

Das wurde mir in diesem Moment noch einmal bewusst. Die patriarchalische Propaganda hatte also auch bereits bei mir Früchte getragen. Ich entschied mich schließlich dazu, die Notrufnummer des Waschsalons zu wählen. Schließlich gab es hier Überwachungskameras, und die Aufnahmen könnte man dann ja direkt an die Polizei weiterleiten, dachte ich. Ich merkte schnell, dass es nicht so einfach sein würde, als ich der freundlichen, aber offensichtlich überforderten Dame am anderen Ende der Leitung erzählte, was mir gerade widerfahren war. Ich sprach sie auf die Überwachungskameras an, und sie antwortete, dass diese ja lediglich für Überfälle und Diebstähle seien. Wow. Ich fragte sie, ob die Kameras etwa sonst nichts aufnehmen würden. Sie werde mal dem Hausmeister Bescheid geben und schauen, was passiert – das war ihr letztes Wort. Okay, damit hatte ich nicht gerechnet.

Ich fühlte mich wenig ernst genommen und verfolgte das Erlebte nicht weiter. Ich rief nicht die Polizei, aber warnte zwei Frauen, die im Verlauf des Telefonats in den Waschsalon kamen und ihre Wäsche abholten. Sie reagierten angeekelt und verließen den Salon einen Schritt schneller, als sie gekommen waren.

Noch viel später habe ich mich manchmal gefragt, ob ich mit meinem Nicht-Handeln dazu beigetragen habe, dass andere Menschen ebenfalls von diesem Mann belästigt wurden und es vielleicht nicht so locker weggesteckt haben, wie ich es tat. Zumindest kam es mir in dem Moment so vor, als ob es mich nicht wirklich berührt hätte. Die Reaktion der Kundenservice-Mitarbeiterin des Waschsalons hat bestimmt außerdem dazu beigetragen, dass ich den Vorfall schnell abgetan und den Herrn Wichser (im wahrsten Sinne des Wortes) nicht zur Rechenschaft gezogen habe.

Aus heutiger Sicht würde ich auf jeden Fall anders handeln. Das Gefühl, eventuell weitere Menschen durch mein Zögern in eine unangenehme Situation gebracht zu haben, belastete mich lange Zeit mehr als die Tatsache, dass ich ihm ungefragt beim Onanieren zuschauen musste.

Vor einiger Zeit dann erzählte mir eine alte Bekannte, dass ihrer Freundin das Gleiche in demselben Waschsalon passiert sei. Sie hat es öffentlich gemacht, inklusive Foto, und die Polizei eingeschaltet. Der Typ wurde geschnappt – es war mein Typ. Was ich daraus gelernt habe? Fortan werde ich mehr beziehungsweise alles dafür tun, dass Menschen, die sich übergriffig verhalten, zur Rechenschaft gezogen werden. Denn die Handlungsweise des Mannes war bereits eine Straftat. Der Typ war offensichtlich ein Exhibitionist. Also ein Mensch mit einer krankhaften, auf sexuellen Lustgewinn gerichteten Neigung, in Form von Entblößung der Geschlechtsteile in Gegenwart fremder Personen. Dieser Tatbestand ist in Deutschland strafbar und kann, nein muss, zur Anzeige gebracht werden!

Kein Kompromiss, wenn es um Konsens geht: Neinsagen ist mehr als »okay«

Aus den Situationen mit dem ungebetenen Gast und dem Exhibitionisten, in denen ich noch zurückhaltend reagiert hatte, lernte ich dennoch. Bei einem Date mit einem Mann, der sich in erster Linie unbeholfen, aber vor allem wenig empathisch verhielt, sollte ich anders, selbstbestimmter, reagieren.

Ich traf Finn, der sich auf seinem Dating-App-Profil lediglich von seiner nackten Hinterseite präsentierte, spontan an einem Freitagabend. Wir quatschten eine Weile und lachten hin und wieder, er hatte Humor. Er war eigen, aber eigentlich wirklich charmant. Irgendwann küssten wir uns und ich merkte schnell, wie aufgeregt er war.

Es endete in einem ziemlichen Chaos. Als wir Sex hatten, wirkte er etwas zu sehr in sich und seinen Erwartungen gefangen, selbst als ich Nachfragen stellte und versuchte, ihn abzuholen. Er sprach nicht wirklich, stöhnte dafür viel. Irgendwann wurde es mir zu viel, denn ich fand keine Verbindung zu ihm und es fiel mir schwer, mich fallen zu lassen, oder es zu genießen. Schließlich wurde er sogar grob und unbeholfen, es fühlte sich einfach nicht mehr gut an. Ich wies ihn darauf hin und schlug eine Pause vor – erst einmal Durchatmen. Er schien irritiert, so als sei ihm nicht bewusst, wie wenig intim die Nummer gerade wirklich war.

Ich wollte raus. Raus aus der Situation, die sich nicht gut anfühlte. Aber wie? Schließlich lagen wir bereits nackt auf der Couch und interagierten mehr oder weniger miteinander. »Einfach machen!«, dachte ich mir und sprang auf. Die Vorstellung, hinterher unter der Dusche zu stehen mit dem Gedanken, es besser gelassen zu haben, half mir dabei.

Ich hatte keine Lust, wieder im Gedankenkarussell zu versinken, und mich zu fragen, warum ich nicht gleich etwas gesagt habe. Ich stand für mich ein. Die Tatsache, dass wir uns nicht wirklich kannten, machte es wesentlich leichter: Was hatte ich schon zu verlieren? Nichts. Ich sagte ihm also recht deutlich, dass er besser gehen sollte und dass ich an dieser Stelle raus war. Er war ziemlich erschrocken über meine klaren Worte, zog sich an und verschwand kurz darauf. Er fühlte sich rausgeworfen, ich mich hingegen befreit.

Aus dem Taxi hat er mir dann eine Nachricht geschrieben, dass ich es ja anders hätte lösen können, anstatt ihn so forsch rauszuwerfen. »Ich habe es versucht, du hast nicht auf mich gehört. Selbst schuld«, war meine Antwort. Und so war es schließlich auch. Insgesamt zweimal hatte ich versucht, ihn auf seine ruppige Art und sein überhöhtes Tempo hinzuweisen. Er nahm mein Feedback nicht an, also musste er gehen.

Es ist okay, sich mittendrin umzuentscheiden und einfach abzubrechen, wenn der Sex oder die Berührungen sich einfach nicht gut anfühlen, nicht so gut wie erhofft. Mensch ist der anderen Person nichts schuldig, auch wenn Mensch jemanden mit nach Hause genommen und/oder sexuellem Kontakt bereits zugestimmt hat. Meinungen ändern sich eben, Emotionen auch. Fertig.

Klingt einfach, ist es aber nicht. Das ist mir sehr wohl bewusst, denn auch ich habe in meiner Vergangenheit nicht immer das Selbstbewusstsein gehabt, für mich einzustehen. Das liegt unter anderem darin begründet, dass es in der heutigen Gesellschaft, wo Frauen den Druck verspüren, verfügbar sein zu müssen und Erwartungen zu erfüllen, es den meisten sehr schwerfällt, sich dagegen zu wehren. Im Selbstverteidigungskurs für Frauen sagte man uns damals, dass eine »gute Zeit auf 100 Metern« unsere effektivste Waffe sei.

Trotz der negativen Erfahrungen, die ich in den letzten Kapiteln zum Teil beschrieben habe, kann ich behaupten, dass ich in den letzten Jahren bei Dates zumeist die Erfahrung gemacht habe, dass mein Gegenüber mich um Erlaubnis gefragt hat, bevor er*sie mich küsste, anfasste, mein Shirt auszog oder die Hose öffnete. Auch wenn ich jedes Mal aufs Neue im ersten Moment kurz überrascht bin, so freue ich mich umso mehr, dass Nachfragen immer selbstverständlicher zu werden scheint. Zumindest in meiner Bubble. Aber auch andere Follower*innen teilten mir mit, dass sie die positive Entwicklung bestätigen können und entweder selbst nach Konsens fragen, oder eben gefragt werden. Nice, I like!

Wichtig ist es zu realisieren, dass selbst »kleine Annäherungen« wie ein Zungenkuss ein intimes Eindringen in den Körper des*der anderen sind. Natürlich gibt es auch Frauen, zumindest dem Mainstream-Dating-Show-Tenor folgend, die sich gerne mal von »Bad Boys« verführen beziehungsweise »nehmen lassen«. Aber auch hier gibt es Wege, Fantasie und Realität zu vereinbaren: Indem Mensch seine*ihre Fantasien kommuniziert. Auch vor dem Treffen völlig okay und vielleicht sogar hilfreich, denn auch dominante Personen geben sich am liebsten dominant und fordernd, wenn sie wissen, dass ihr Gegenüber danach verlangt beziehungsweise sich sogar danach sehnt.

Konsens ist wichtig. Nicht nur, weil es beim Sex darum geht, sich fallen und den Trieben freien Lauf zu lassen. Sex sollte die schönste Nebensache der Welt sein und für beide Parteien ebenso positiv in Erinnerung bleiben. Sexuelle Gewalt und Missbrauch führen nicht selten dazu, dass die Opfer ein Leben lang traumatisiert werden, oder längere Zeit durch die Hölle gehen. Traurig, aber wahr: Die Anzahl der Nicht-Verurteilungen und Vergewaltigungen, die nicht einmal zur Anzeige gebracht werden, ist erschreckend hoch. Wie erschreckend genau, zeigt die folgende Aussage des Kriminologen Christian Pfeiffers, der seit Jahrzehnten zu diesem Thema forscht: »Dass Vergewaltiger für ihre Taten verurteilt werden, kommt nur in den seltensten Fällen vor. [...] Von hundert Frauen, die vergewaltigt werden, erlebt nur etwa eine Betroffene die Verurteilung des Täters.«[19]

Und warum? Richtig, weil es für Frauen eben nicht so einfach ist zu beweisen, dass sie vergewaltigt oder sexuell missbraucht wurden, dass ihnen Unrecht widerfahren ist. Am Ende steht oftmals Aussage gegen Aussage, und der in vielen Fällen respektlose und wenig empathische Umgang mit den Opfern lässt viele bereits im Vorfeld vor einer Anzeige zurückschrecken. Und was noch viel schwerer wiegt: die eigene Scham. Die Opfer können oftmals nicht anerkennen, dass ihnen etwas Falsches widerfahren ist. Reiner Selbstschutz. Verdrängung, die zum Beispiel dadurch in Gang gesetzt wird, dass sie sich einreden, selbst daran schuld gewesen zu sein.

Mittlerweile frage ich nach, wenn ich das Verlangen nach einem Kuss verspüre, verbalisiere ich meinen Wunsch einfach. Früher habe auch ich mich da meistens auf die Wirkung von Blicken verlassen, weil ich es mag, mich in den Augen des*der anderen zu verlieren und allein die Energie des Moments sprechen zu lassen. Manchmal bedarf es tatsächlich nicht vieler Worte, denn Blicke sagen oft viel mehr – aber eben nicht immer.

Ich denke, es sollte keine Diskussion darum geben, ob Konsens wichtig ist, denn wer sich diese Frage stellt, sollte die eigene Ausgangshaltung überprüfen. Und sich in erster Linie fragen, wie man selbst es fände, wenn gegen den eigenen Willen sexuelle Handlungen am eigenen Körper vorgenommen werden. Jeder Mensch hat ein sexuelles Selbstbestimmungsrecht. Konsens ist Pflicht. Punkt.

Wie ich mich von der Achtsamkeitsbewegung abwandt und wirklich wieder zu mir fand

Es ist jetzt fast vier Jahre her, dass ich auf Sri Lanka im Schweigekloster saß, viel Osho las und danach noch einige Wochen über die Insel reiste und meine Erlebnisse in einem Gastbeitrag »Wie ich mich in der Stille wiederfand« aufschrieb. Mittlerweile sehe ich einige Dinge anders. Ich will meine damaligen Gedanken nicht widerlegen oder nachträglich für falsch befinden, aber sie waren eben noch nicht wirklich ausgereift; es waren wenig entwickelte Ideen.

Nichtsdestotrotz erzählte ich bei jeder Gelegenheit, egal ob danach gefragt wurde oder nicht, wie frei und mit mir selbst verbunden, unabhängig vom Außen, ich mich doch fühlen würde und warum genau das System mich so lange daran gehindert hat. Na ja, gehindert hat mich nicht das System, sondern meine innere Ablehnung, mich anzupassen und einfach »normal« zu sein, besser gesagt: spießig, denn das verstand ich zu dem Zeitpunkt unter normal. Normal halt, Mainstream, irgendwie langweilig …

Davon abgesehen lebte ich in einer offenen Beziehung und sah mich zukünftig als Selbstständige durch die Welt reisen. Na klar! Letztlich auch nicht viel mehr als die Standard-Vision der Generation Y … und vielleicht auch Z. Nicht besonders individuell, beinah Mainstream – zumindest in manchen Bubbles.

Egal, nach einer mehrtägigen Anreise, ohne wirklich geschlafen zu haben, fand ich mich auf einmal am Neujahrstag erschöpft, hungrig und von der Hitze ebenso überfordert wie von all den neuen Eindrücken, im Meditationssaal zur Begrüßungszeremonie wieder. Hier saß ich nun mit circa zwanzig anderen Menschen aus der ganzen Welt, die sich für die nächsten elf Tage vorgenommen hatten zu schweigen. Gemeinsam und doch jede*r für sich, wollten wir die Vipassana-Erfahrung teilen. Wir wollten die Dinge sehen, wie sie wirklich sind. Dafür meditierten wir jeden Tag mindestens zwölf Stunden, mal im Sitzen, mal im Laufen. Wir aßen wenig, das letzte und einzige warme Essen gab es vormittags um halb zwölf, in der Regel warmes Gemüse mit frischem Obst. Gegen Nachmittag noch mal etwas Tee und Salzcracker für die, die aufgrund der Hitze, Schwüle und emotionalen Überforderung mehr brauchten als Wasser.

Es war schon krass zu merken, wie ich jeden Tag, zumindest gefühlt, geistig klarer, aber körperlich schwächer wurde. Der Schlafentzug dank Jetlag, die extreme Innenschau, die komplette Vermeidung von Ablenkung, die Diät, die Hitze und das lange Sitzen – das alles hatte seine Spuren hinterlassen. Aber ich wollte eben meine Grenzen kennenlernen, und allein die Vorstellung, über eine Woche nicht reden, mich nicht mitteilen zu dürfen, fand ich überfordernd, aber gleichzeitig forderte sie mich auch heraus. Ich musste es mir selbst, und vielleicht auch anderen, beweisen.

Achtsam saß ich auch nach meiner Reise, zurück in Köln, auf meiner Matte und hörte in mich hinein; meditierte täglich und machte mehrmals wöchentlich Yoga. Wie Mensch das dann eben so macht! Zumindest suggerieren mir das einige Achtsamkeits-Coaches auf Instagram, wenn sie nebenbei ganz lässig Werbung für überteuerte, aber auf jeden Fall notwendige, Meditationsaccessoires und hochpreisiges Yogazubehör machen oder das nächste Drei-Tages-Retreat für gerade mal 600 Euro anbieten. Schnapper! Eine Woche Urlaub im Süden kann nicht günstig sein – na ja, im Verhältnis schon – egal.

Fortan standen also meine Bedürfnisse im Vordergrund, und ich fing an, mich immer mehr zu separieren und das Handeln der anderen als »falsch« anzusehen. Alle, die Stress hatten, waren folglich selbst daran schuld und hatten ja am Ende die Wahl, alles hinzuschmeißen und etwas anderes zu machen. So wie ich eben. Ich … genau das war das Problem. Das Fenster, aus dem ich schaute, wurde zu einer Luke, und ich zeigte mich weniger tolerant für andere Lebensstile. Wer geht denn schon freiwillig ins Hamsterrad? Die müssen alle echt blöd beziehungsweise voll die Sklav*innen sein. BULLSHIT! Das »Hamsterrad« – nennen wir es doch einfach Festanstellung – kann eben auch Routine und Sicherheit garantieren. Eigenschaften, die nicht zwangsläufig scheiße, geschweige denn zu verurteilen sind.

Außerdem: Wer bin ich denn, darüber zu urteilen, was für andere Menschen wichtig ist? Leben und leben lassen – das hat meine Oma schon immer gesagt. Recht hat sie! Natürlich ist es normal, dass Mensch, wenn er von etwas überzeugt ist, seine Erfahrung gerne teilt und vielleicht auch versucht, das Gegenüber zu überzeugen. Dennoch sollte dabei nicht außer Acht gelassen werden, dass es eben auch nur eine weitere Möglichkeit/Strategie ist, die Dinge zu bewältigen … und ehrlich gesagt nicht mal eine besonders weitsichtige oder reflektierte.

Nachdem ich dahingehend immer mehr recherchierte, fand ich einige Quellen, die bereits vor einiger Zeit gnadenlos mit der Achtsamkeitsbewegung abgerechnet hatten. Interessant, das komische Gefühl, dass es sich hierbei manchmal mehr um Schein als Sein handelte, war wohl bereits einigen aufgefallen.

Warum sonst zeigen wir uns auf Instagram in Yogaposen, wenn doch das Ego hierbei eigentlich komplett in den Hintergrund gestellt werden sollte? Wieso empfehlen wir Apps zur Entspannung, wenn doch eigentlich das Smartphone für einen Großteil unseres Stresses verantwortlich ist? Wieso sonst verlangen/zahlen Menschen über 400 Euro für ein zweitägiges Retreat in deutschen Wäldern, obwohl Luxus und Konsum eigentlich nichts in der buddhistischen Lehre verloren hat? Es gibt natürlich auch die Zentren, die eine etwas authentischere Erfahrung bieten, mit weniger Luxus und ausgewähltem High Class Food.

Am Ende handelt es sich um kommerzialisierte Entspannung für einen exklusiven Zirkel. Die Preise haben es echt in sich. Online-Seminare, Wochenend-Retreats und passende Outfits für (Un-)Summen, mit denen ich locker mehr als eine Woche überleben kann. Zu sich zu finden hat also seinen Preis. Das widerspricht so gut wie allem, was die Dhamma-Lehre ausmacht. Daher werden Stimmen laut, dass der Yogi-Lifestyle, den wir beispielsweise auf Instagram sehen, nichts mit der ursprünglichen Lehre als vielmehr mit der westlichen Entartung – sorry, Aneignung – zu tun hat. Okay, der Text wird immer mehr zu einer Art Abrechnung, das ist mir bewusst.

Also sollte ich vielleicht mal erklären, was genau mich eigentlich daran stört, denn es könnte mir ebenso ziemlich egal sein. Mein Problem, besser gesagt: meine Herausforderung, waren die negativen Gefühle, die immer mehr Raum in meinen Gedanken einnahmen. Eigentlich sollte ich mich ja bestärkt, beruhigt und gelassen fühlen, so ganz bei mir. Aber meistens fühlte ich mich wenig verbunden mit den anderen und war ständig dabei, mein eigenes Verhalten und meine Einstellungen zu hinterfragen. Diese Sinnsuche schien kein Ende zu nehmen. Aber wirklich viel persönlichen Fortschritt erlebte ich nur in wenigen Momenten, meistens direkt nach einer Runde Meditation oder einer neunzigminütigen Power-Vinyasa-Yoga-Session.

Ansonsten empfand ich die Diskussionen mit anderen Hipster-Hippies als wenig ertragreich oder empathisch. Das fühlte sich in einigen Momenten eher wie spirituelles Gaslighting an. Seltsam, denn Empathie und Achtsamkeit gingen in meiner Vorstellung immer miteinander einher. Aber fortan bewegte ich mich in einem Kreis, der sehr bedürfnisorientiert und wenig interessiert war – außer es ging um die eigenen Befindlichkeiten und den Planeten, nein, das Universum, oder besser gesagt, darum, was das Universum ihnen mitzuteilen und ihnen zu bieten hatte – ihnen allein.

Mondphasen wurden zu Orientierungshilfen bei Alltagsherausforderungen wie innerer Unruhe, Schlaflosigkeit, Antriebslosigkeit oder Übellaunigkeit. Charaktereigenschaften hatten weniger mit dem Menschen als Individuum, dafür mehr mit seinem Stern-, Mond-, Tierzeichen und den dazugehörigen Aszendenten zu tun. Versteht mich nicht falsch: Ich will dem Ganzen gar nicht sein Existenzrecht absprechen. Ich bin selbst überzeugt davon, dass wir Mondphasen stärker wahrnehmen, als wir uns das vielleicht vorstellen können. Und wenn ich bei absoluter Ratlosigkeit – oder Langeweile – mal wieder mein Monatshoroskop oder die Charaktereigenschaft der Luftzeichen google, stelle ich fest: Mein Sternzeichen, Zwilling, passt schon echt gut zu mir.

Ich spreche von den neuen auf Social Media überrepräsentierten Lifestyle-Bewegungen, die immer neue Business-, Achtsamkeits-, Mental Health-, oder einfach nur Health Coaches hervorbringen. Oder Yoga- und Meditationslehrer*innen, die live aus Bali senden und von dort aus in achtsamer Rhetorik, aber dennoch leicht arroganter Überheblichkeit, von ihrem frei bestimmten Traveller-Lifestyle berichten, der für alle einfach zu erreichen sei – ebenso wie es die eigene Entscheidung sei, Stress anzunehmen – oder eben nicht.

Wer sein Leben nicht chillt, ist halt selber schuld. Das ist so ziemlich genau die Quintessenz, die ich nach circa einem intensiven Jahr in der »Szene« herausgefiltert habe. Mentale Krankheiten werden bagatellisiert, Stress negiert und das System als nicht überlebenswichtig definiert. Abhängen kann man schließlich auch mit Rucksack woanders. Dass es dafür dennoch etwas Taschengeld und Ressourcen braucht, sollte der (hörigen) Community spätestens dann deutlich vor Augen geführt werden, wenn das mit Kalenderspruchweisheiten gefüllte Online-Seminar abgerechnet wird, wenn die Abbuchung für das High-Class-back-to-the-Roots-Retreat erfolgt oder wenn die dringend benötigten Achtsamkeitsaccessoires selbst nach Anwendung des Rabattcodes noch mehr als zwei Restaurantbesuche kosten.

Es war eine emotional aufregende Zeit, in der, wie ich sie gern nenne, Hipster-Hippie-good-Vibes-only–Szene. Immer wieder stieß ich auf Widersprüche: das Predigen von Askese einerseits und das Leben im privilegierten Überfluss andererseits. Gemeinsame bewusstseinserweiternde Drogentrips oder selbst attestiertes Micro-Dosing als Therapieersatz. Konsum, auch so ein Thema. Gegen Fast Fashion sein und gegen die ungerechten Arbeitsbedingungen in asiatischen Textilfabriken auf die Straße gehen, aber selbst illegal Ketamin in Länder schmuggeln (lassen), in denen auf Drogenkonsum, -verkauf und bereits Besitz die Todesstrafe steht, oder direkt das gute Kokain aus Mittel- und Südamerika ziehen. Ein zwei Opfer des Drogenkriegs sind im Preis inbegriffen. Am anderen Ende der Welt lassen Menschen dafür ihr Leben, dass du einen Moment lang im wahrsten Sinne des Wortes die Nase voll hast.

Achtsames Verhalten geht anders. Das erinnert mich eher an eine Art Backpacker-Buddhismus, der ebenso vielfältig ausgelegt wie die Reiseroute geplant wird. Nach den eigenen Bedürfnissen eben. Egozentrik in Jesuslatschen, das fiel mir das eine oder andere Mal besonders auf. Selbsternannte Hippies, die in Hostels ewig die Bäder blockierten, weil sie ihre Wäsche nicht wie alle anderen für wenig Geld in die Wäscherei gaben, sondern stundenlang das limitierte Wasser in den Duschen nutzten. Beim Abendessen erzählten sie dann, wie sie bei jeder Gelegenheit Buffets leerräumten und sich für ihre Tagestouren ausstatteten sowie völlig selbstverständlich alles probierten und gespielt demütig annahmen, was ihnen hingehalten wurde. Spoiler: Viel zurück kam in einigen Fällen nicht. Außer jeder Menge subjektiver Lebensweisheiten, die mit freigeistigem Gedankengut à la Osho und Co. theatralisch lebenserfahren vor großer Runde kundgetan wurden.

Nach einer Weile bildete ich mir meine Meinung und entschied, dass Negativität sowie Krisen und Konflikte für mich zum Leben dazugehört. Meine eigene so wie die der anderen, meines Umfelds, meiner Freunde, meiner Familie, meiner geliebten Menschen eben. Außerdem wurde mir immer mehr bewusst, wie viel Selbstschutz hinter der propagierten Selbstliebe in einigen Achtsamkeits- und Lifestyle-Feeds steckt. Völlig okay! Wir alle haben unsere eigenen Strategien, mit Stress umzugehen, dennoch sollte klar sein, dass Stress nicht bloß in unseren Köpfen existiert und auch nicht verschwindet, wenn man ihn nur lange oder vehement genug ignoriert.

Die Suche ging also weiter. Denn diese Art von Grenzen setzen und bedürfnisorientiert handeln schmeckte mir nicht wirklich. Aber was noch viel wichtiger war: Sie machte mich am Ende des Tages nicht wirklich glücklich – sie schenkte mir keinen inneren Frieden. Und das war schließlich das Ziel.

Intimität und Empowerment im Internet

Es war selten so einfach, Menschen kennenzulernen: für jeden Geschmack eine App; Social Media zeigt uns gestählte, schlanke, strahlende, halbnackte Körper; Aufklärungsfeeds übertrumpfen sich mit sex-positiven Posts und fordern absolute Schamfreiheit und sexuelle Befreiung; (Gratis-)Pornobörsen bieten so gut wie jede sexuelle Fantasie, jeden Fetisch, und das alles jederzeit frei abrufbar. Dass hierfür Kompetenzen erforderlich sind, ist vielen nicht bewusst. Die Porno- und Kulturwissenschaftlerin Madita Oeming spricht in diesem Kontext von einer Medien- sowie Pornokompetenz, die wir erst erlernen müssen, um den angebotenen Sex-Content angemessen zu konsumieren.[20]

Aber was macht der ganze digitale Sex-Content eigentlich mit unserer Lust? Intimität kann meiner Meinung nach nicht ohne Empowerment einhergehen. Was ich damit genau meine? Empowerment als Voraussetzung, um Intimität entstehen zu lassen. Empowered zu sein bedeutet also, sich seiner Bedürfnisse bewusst zu sein und diese kommunizieren zu können; Grenzen zu setzen, sich von seinem Gegenüber abzugrenzen und folglich eine gesunde zwischenmenschliche Beziehung auf Augenhöhe zu führen. Ich spreche bewusst nicht von einer unabhängigen zwischenmenschlichen Verbindung, denn jede Beziehung ist auf eine gewisse Art und Weise von emotionalen, wirtschaftlichen oder anderen Abhängigkeitsverhältnissen geprägt. Daher geht es mir hier um eine Partner*innenschaft auf Augenhöhe, in der eben diese Abhängigkeiten nicht ausgenutzt oder einer Person zum Nachteil ausgelegt werden.

Es gibt zum Beispiel vollkommen harmonische Beziehungen, obwohl eine wirtschaftliche Abhängigkeit, aus heteronormativer Perspektive der Frau, vorliegt. Respekt und Wertschätzung gehen mit der Anerkennung der persönlichen Grenzen, sei es emotional oder körperlich, einher.

Gerade beim Dating erleben viele von uns immer wieder Geschichten, die zum Teil negativ in Erinnerung bleiben, weil Grenzen mehr oder weniger mutwillig überschritten wurden und eine*r der Beteiligten sich nicht wohl gefühlt hat. Mir ist es ein wichtiges Anliegen, auch andere Stimmen zu Wort kommen zu lassen. Manches kann empowernd wirken, anderes augenöffnend und einiges bestimmt auch verstörend.

Zahlreiche Online-Dating-Plattformen machen eine erste Kontaktaufnahme einfach wie nie, aber in manchen Fällen auch unangenehm wie selten zuvor. Ein Großteil sozialer Interaktion findet mittlerweile auf Social Media statt, gerade durch die pandemiebedingte Einsamkeit ist sowohl bei den Nutzer*innen-Zahlen als auch bei der Bildschirmzeit der User*innen ein Anstieg zu verzeichnen.[21] So gaben 58 % der 16- bis 23-Jährigen eine erhöhte Nutzung von Plattformen wie Instagram, Twitter, Facebook und TikTok an. Im Vergleich dazu waren es 48 % der 24- bis 37-Jährigen und immerhin noch 36 % der 38- bis 56-Jährigen.[22]

Wie Social Media uns zu Nomad*innen in der Liebe macht, wird deutlich, wenn wir unsere Feeds anschauen. Ein Blick reicht, und wir wissen direkt wieder, was wir nicht haben und wer wir nicht sind. Facebook, Instagram et cetera zeigen uns in Text, Bild, (Live-)Videos und Kurznachrichten, dank Algorithmus auch personalisiert, alles, was wir brauchen, verbessern können, anstreben sollten, erfahren müssen und wie wichtig der Blick von außen eigentlich wirklich ist. Natürlich gefiltert, und selbst Schnappschüsse erinnern eher an gestellte Atempausen, denn aus dem Moment heraus geschieht wenig. Egal. Tatsächlich wird uns eine Wirklichkeit, wohl eher eine Lifestyle-Utopie, präsentiert, die nur die wenigsten von uns (er-)leben (werden).

Zugegeben, Selbstoptimierung hat schon etwas ziemlich Oberflächliches. Das Subjekt beziehungsweise das Thema bleibt ja schließlich immer das gleiche: das eigene Ego. Entweder die Partner*innen ziehen mit … oder aus. Auf dem Smartphone scheint es doch so greifbar, nur wenige Klicks entfernt. Swipen auf Dating-Apps ist das »Nach links und rechts Gucken« des 21. Jahrhunderts. Wie wir auf digitaler Ebene miteinander kommunizieren, scheint immer wichtiger zu werden. Ein Großteil sozialer Interaktion findet bei vielen online statt, und dafür muss man kein Gamer sein. Ich denke, dass einige von uns sich regelmäßig erschrecken, wenn sie Montagmorgens, oder wann auch immer, ihre wöchentliche Bildschirmzeit, fein säuberlich ausgewertet, als Push-Nachricht präsentiert bekommen.

Wie gehen wir mit Liebe um, in Zeiten von Dating-Plattformen, Social Media und Algorithmen, die uns gekonnt Dinge zuspielen, die wir unbedingt brauchen, um die perfekte Version unserer Selbst zu sein? Welche neuen Herausforderungen bringt das alles mit sich? Mehr Sichtbarkeit bedeutet eben auch mehr Konfrontation und diverse oder extreme Meinungen, die zwangsläufig aufeinandertreffen – mal mit mehr, mal mit weniger Reichweite –, aber zwangsläufig immer versteckt hinter Avataren, Profilen oder Nicknames. Wie schnell das gefährlich und der Austragungsort sich von der digitalen in die reale Welt verlagern kann, zeigen uns Nachrichtenmeldungen über aufgehetzte Mobs, die vor Privathäusern gewisser Politiker*innen, Aktivist*innen, Wissenschaftler*innen oder Journalist*innen stehen.

Außerdem erleben einige von uns Überraschungen beim Online-Dating, wenn auch hier der, ich nenne es mal, Erlebnisort wechselt und man sich auf einmal in Persona gegenübersteht. Manch einer ist dann vielleicht nicht mehr so mutig, wieder andere zeigen ihr wahres Gesicht und geben sich weniger empathisch und scheinen lediglich zielorientiert unterwegs zu sein.

Ich erinnere mich da an einen Herren, der mich zu einer privaten Sexparty mitnehmen wollte. Zuvor hatten wir nett miteinander geschrieben, echt respektvoll, er wirkte nicht plump. Ich fand die Idee spannend, aber wollte ihn erst einmal alleine kennenlernen. Er verstand es und wir trafen uns zu einem Spaziergang. Er redete viel, er versuchte mich von der ersten Sekunde an zu der Sexparty zu überreden. Ich wechselte immer wieder das Thema und fragte ihn andere Dinge, wollte wissen, wer dieser Mensch eigentlich war. Ich konnte keine Verbindung zu ihm aufbauen, er schien lediglich an viel Fickerei auf sämtlichen Sexpartys in Berlin interessiert. Auf einmal empfand ich ihn als plump.

Ich verabschiedete mich und sagte ihm, dass ich mal über den Besuch der Party nachdenken und mich melden würde, er sich aber keine allzu großen Hoffnungen machen solle. Er war enttäuscht und antwortete direkt, dass er eigentlich dachte, dass ich ihm jetzt noch meine Wohnung zeigen würde. So unterschiedlich kann Wahrnehmung sein. Mir ist in dem Moment sicher einiges in den Sinn gekommen, aber nicht, dass wir am Ende des Spaziergangs gemeinsam im Bett landen würden. Wir verstanden nicht mal den Humor des anderen. Ich lachte nicht, wenn er einen Witz machte, und er schaute mich im Gegenzug nur verständnislos an, wenn ich meinen trockenen Humor zum Besten gab.

Am nächsten Morgen schrieb ich ihm, dass ich ihm viel Spaß am Wochenende wünschen, aber selbst nicht teilnehmen würde, und dass ich ihm für den Austausch danke. Er akzeptierte und versaute es. Der abschließende Satz, dass ich ja trotzdem kommen und er mich dann wenigstens nackt angucken könnte, passte mir nicht. Ich fand ihn daneben.

Was ich damit sagen will: Manche Situationen, oder in dem Fall Begegnungen, könnten vielleicht vermieden werden, wenn im Vorfeld authentischer oder offener über die eigene Bedürfnislage, in seinem Fall schneller unverbindlicher Sex, kommuniziert werden würde.

Konsens ist Pflicht: Spaß beim Online-Dating

Nicht nur auf Pornoplattformen geht es seit geraumer Zeit immer rougher zu, sondern auch auf Dating-Portalen. Nicht jede Dating-App ist insgeheim eine Sex-App. Auf einigen von ihnen können die User*innen ihre sexuellen Wünsche und Vorlieben jedoch explizit angeben. Eins ist mir dabei immer wieder aufgefallen: Die Schlagworte »kinky«, »rough«, »dominant devot dynamics«, »no vanilla« erscheinen auffallend oft unter den beliebten Kategorien. Was bedeutet Vanilla eigentlich genau? Vanilla meint konservativen Sex und schließt neben Oralverkehr und zarten Berührungen auch Penetration in Standardsexstellungen mit ein, allerdings ohne die Praktizierung eines Fetisch oder BDSM. Der Begriff »Vanilla« kommt aus der BDSM-Szene und wurde als, teilweise abschätzige, Bezeichnung für weiche, empfindsame Spielpartner*innen verwendet.

Aber hier liegt meiner Meinung nach bereits das Problem: Nur, weil Zärtlichkeiten und Intimität im Fokus stehen, bedeutet das nicht automatisch, dass der Sex langweilig ist. Ganz im Gegenteil – er kann sehr intensiv sein, aber eben auf eine vergleichsweise liebevoll-zärtliche, weniger roughe Art. Gerade in Dating-Profilbeschreibungen geht die Bezeichnung Vanilla auch oft mit dem Wunsch nach Slow Sex einher. Für manche gehört Analverkehr auch zu Vanilla-Sex. Das ist allerdings erst in neueren Definitionen der Fall, was wiederum beweist, als wie »normal« verschiedene Sexpraktiken in der Gesellschaft mittlerweile gesehen werden.

Wir sollten außerdem nicht unterschätzen, welche negativen Stigmatisierungen Aussagen wie »Vanilla-Sex ist was für Softies« mit sich bringen können. Mir persönlich ist es nicht nur einmal passiert, dass Männer versucht haben, besonders dominant und hart – und damit meine ich nicht ihr Glied – zu wirken. Ich hatte das Gefühl, dass sie bewusst versuchten, eine Performance abzuziehen, die sie sich von der ein oder anderen Pornoplattform, aber auch durch den Austausch mit ihren Kumpels, abgeguckt hatten. By the way: Niemand braucht »Locker-Room-Talk«.

Frauen erzählten mir, dass sie sich oftmals eingeschüchtert fühlten, vor allem, wenn manche Menschen sich vor ihnen damit brüsteten, besonders grenzenlos, wild, erfahren und bestimmt nicht langweilig zu sein.

Bei diesen Umschreibungen schwingen nun mal individuelle Erwartungen mit, zumal jeder Mensch eigene Vorstellungen davon hat, was es zum Beispiel heißt, erfahren zu sein, und das zeigt, wie wichtig es ist, über Vorlieben und Bedürfnisse beim Sex zu reden – am besten im Vorhinein.

Ein Gedanke, der mir kam: Geben wir uns auf Dating Portalen gern unabhängiger, unnahbarer, oberflächlicher, vielleicht auch abgebrühter, als wir wirklich sind? In Beziehungsfragen wollen wir besonders frei, tolerant und eifersuchtsfrei erscheinen und beim Sex experimentierfreudig und wild. Am Ende ist das, was wir vorgeben zu suchen, eben nicht unbedingt das, was wir wirklich brauchen. Da kann ich mich selbst auch nicht von freisprechen.

Was der eine voraussetzt, kann für die andere zu viel sein. Daher ist es wichtig, sollte man zum Beispiel darauf stehen, sein Gegenüber im Bett zu dominieren, vorher Grenzen festzulegen, die nicht überschritten werden dürfen. Im Nachhinein gibt es sonst mehr Klärungsbedarf, als beiden lieb ist. Außerdem dürfen wir nicht vergessen, was die Überschreitung körperlicher Grenzen im Bett bei den Betroffenen auslösen kann. Daher ist es dringend notwendig, vorher abzuklären, ob der*die Geliebte auf Ohrfeigen, Würgen oder Schläge auf den Allerwertesten steht. Das Ganze kann sonst einer traumatischen Erfahrung gleichkommen, gerade dann, wenn es sich bereits um eine in der Vergangenheit von sexueller Gewalt betroffene Person handelt. Das Schmerzempfinden eines jeden Menschen ist ebenso verschieden wie sein Lustempfinden, auch das sollten wir immer im Hinterkopf behalten, wenn wir eine andere Person berühren. Auch hier gilt: einfach fragen!

Ich erinnere mich an die Erzählung einer Followerin, die im Nachhinein irritiert nach Hause ging und nicht wusste, wie ihr geschehen war. Sie fühlte sich nicht gehört und übergangen. Er hatte nach ein paar gemeinsamen Gläsern Rum angefangen, sie zu küssen und auszuziehen.

Sie wehrte sich, aber er verstand es falsch und betrachtete ihr Nachgeben in kurzen Momenten als eigentliche Zustimmung. Sie konnte das alles ebenfalls nicht richtig einschätzen und war sich nicht sicher, ob er wirklich direkt mit ihr schlafen wollte oder ob es diese Grenze zwischen Rumalbern und wirklich zur Sache kommen war, auf der sie sich befanden. Sie war verunsichert, denn er war ihr körperlich überlegen und der Alkohol hatte auch bei ihr seine Wirkung gezeigt.

Also spielte sie das Spiel bis zu einem gewissen Grad mit und ließ sich küssen und ihn ihr T-Shirt ausziehen. Aber dann merkte sie, dass sie nicht bereit war und entschied sich zu gehen. Sie passte den richtigen Moment ab und stand auf. Er versuchte sie noch zu überzeugen zu bleiben, ließ sie dann aber gehen. Für ihn war es währenddessen und danach ein witziger Abend, auch wenn er es schade fand, dass sie nicht noch geblieben war. Daher traf ihn die Nachricht am nächsten Tag umso härter, denn sie hatte ihm ihre Sicht der Nacht via E-Mail geschickt, und die deckte sich so gar nicht mit seinen Gefühlen.

Dass das auch anders geht und wann der richtige Zeitpunkt für ein Gespräch sein kann, habe ich selbst erst vor einiger Zeit erfahren. Ich datete ein Pärchen, dessen Fantasie es war, zusammen eine Frau zu dominieren. Das eröffneten die beiden mir erst, als sie bereits auf meiner Couch saßen und wir quasi auf dem Weg ins Schlafzimmer waren. Bevor wir weitergingen, fragten sie mich aber explizit, was genau ich aushalten, beziehungsweise worauf ich stehen und wo meine Grenzen liegen würden. Das ist mir in Erinnerung geblieben, denn ich fühlte mich danach komplett sicher und konnte mich schnell fallen lassen. Ihr Verhalten mir gegenüber habe ich als respekt- und rücksichtsvoll empfunden, so wie es eben sein sollte.

Ein anderes Beispiel: Einmal datete ich einen Mann, der mir, als wir zum ersten Mal miteinander schliefen, unvermittelt ins Gesicht geschlagen hat. Zugegeben, darauf stehe ich schon ein wenig (mehr), trotzdem hatten wir nicht darüber gesprochen. Als ich wissen wollte, wieso er nicht wenigstens vorher gefragt hat, antwortete er mit einem verschmitzten Lächeln, dass er eine recht gute Menschenkenntnis habe und bei mir schnell »gespürt« habe, dass es mir gefallen würde. Frech – und anmaßend. Mehr fällt mir dazu nicht ein. Man sollte nicht von sich auf andere schließen und »einfach machen«. Das ist das Gegenteil von respektvoll. Das hat das Pärchen weitaus charmanter, aber vor allem korrekter gelöst. Konsens ist Pflicht! Und im Nachhinein nicht mehr einholbar.

Aber wie kommuniziere ich, dass ich Lust auf »mehr« habe? Zu Recherchezwecken habe ich immer mal wieder Umfragen auf Instagram gestartet, in denen ich nach Dating-Erfahrungen in Bezug auf die Perspektive, Erwartungen, Wertschätzung, Authentizität und Spaß, also Sex, fragte. Die meisten Antwortenden verband eines: Sie hatten sich, laut ihren Aussagen, von jeglichen Erwartungen verabschiedet. Es klang so, als hätten sie bereits einige Enttäuschungen erlebt. Aber wie heißt es so schön: Wer keine Erwartungen hat, kann auch nicht enttäuscht werden?!

Was ich jedoch sehr bedauerlich fand, war die Tatsache, dass einige berichteten, beim ersten Date Druck zu verspüren, mit der anderen Person Sex haben zu müssen. So, als wäre es der normale Ausgang einer Verabredung zwischen zwei Menschen, die sich soeben kennengelernt und vorher mehr oder weniger intensiv miteinander gechattet haben. So aufgeschrieben liest sich das echt komisch, oder? Frauen und Männer beschrieben mir gleichermaßen diesen Erwartungsdruck, der sie das Treffen sogar teilweise in letzter Minute absagen ließ. Keiner und keinem von ihnen ging es beim Daten in erster Linie um schnellen Sex. Allgemeiner Konsens herrschte bei der Annahme, dass ernsthafte Absichten sich langsamer aufbauten. Wenn es darum ging, war selbst das dritte Date für viele noch nicht der richtige Zeitpunkt für das erste gemeinsame Mal. Wenn es aber allein um schnellen Sex, also reine Triebbefriedigung ging, reichte es einigen schon, die*den andere*n riechen und mit ihr*ihm witzigen Small Talk führen zu können, um zum Bettgeflüster überzugehen.

Aus eigener Erfahrung kann ich sagen, dass es bei mir eigentlich nie eine Rolle gespielt hat, ob ich mit dem Menschen am ersten Abend im Bett landete. Auch aus diesen ersten Dates entwickelten sich Affären, Freundschaften, Liebschaften oder sie blieben ein einmaliges Abenteuer. Wenn ich ehrlich bin, dann hatte ich eigentlich mit den meisten Menschen Sex beim ersten Date. Sei es, weil wir uns gut verstanden und es sich unerwartet doch noch so ergeben hatte, oder weil es wirklich nur darum ging, sich für Sex zu treffen. Früher oder später ergriff eine*r von uns die Initiative und fragte, ob die*der andere bereit wäre für einen Kuss und Lust auf mehr hätte. Fragen kann so sexy sein! Ich muss sagen, meine Dating-Erfahrungen waren größtenteils wirklich sehr schön. Bis auf ein paar wenige Ausnahmen kann ich von keinen nervigen oder unangenehmen Erlebnissen berichten. Manchmal bekomme ich Geschichten aus meinem Bekanntenkreis zu hören, bei denen ich echt den Glauben an jegliches Empathieempfinden oder das letzte Fünkchen Anstand verliere.

Ein großes Problem ist meiner Meinung nach, dass wir uns beim Daten, aufgrund schlechter Einflüsse zum Beispiel von Filmen und Büchern, mal mehr, mal weniger bewusst an patriarchalen Dating-Dynamiken orientieren, die in erster Linie eins sind: sexistisch. »Mach dich rar«, wird dir als Frau geraten. »Versuch sie zu erobern, sei der charmante, aber dominante Kerl«, bekommen Männer zu hören. Diese Bilder werden immer wieder in alten Serienformaten wie *Friends*, *How I Met Your Mother*, *Sex and the City*, *Californication* et cetera reproduziert.

»Kein Sex beim ersten Date, denn sonst ist er*sie nicht mehr interessiert« ist noch so eine Weisheit, ähnlich wie die Drei-Tage-Regel. Drei Tage sollen wir also warten, bevor wir uns nach einem Date zurückmelden, egal ob es gut war oder nicht. Hauptsache, den*die andere*n warten lassen und das Gefühl geben, nicht so wichtig zu sein. Was ein Quatsch! Ich persönlich melde mich dann, wenn ich das Bedürfnis danach verspüre oder es für richtig halte. Wieso soll ich mich verstellen und in eine Rolle schlüpfen? Da wundert es mich nicht, wenn es mein Gegenüber vor eine Herausforderung stellt, mich zu lesen. Ich muss wissen, was ich ihm*ihr sagen will – egal, ob körperlich oder verbal. Authentizität ist das Stichwort.

Dennoch muss ich ehrlich sagen, dass die Art des Kennenlernens eine andere ist, wenn das Körperliche anfangs nicht im Vordergrund steht. Dadurch ist mehr Zeit gegeben, einen intimen Rahmen zu schaffen – durch offene Gespräche.

Manche Follower*innen schrieben mir, dass sie mittlerweile mehr darauf bedacht sind, eine Verbindung wachsen zu lassen, damit sie nicht genauso schnell zerbricht, wie sie entstanden ist. Schnelllebigkeit ist schon auf Social Media ein nerviges Thema, zehrend und teilweise echt stressig. Auf mich trifft das auf jeden Fall zu: Ich fühle mich regelmäßig reizüberflutet von dem ganzen digitalen Input. Die Swipe-Funktion auf Dating-Apps ist ähnlich auf Schnelligkeit konzipiert und lässt den einen oder die andere auf die Dauer in einen Wisch-Rausch geraten, der mit Matches belohnt wird. Dabei wäre es doch gerade hier so wichtig, für ein wenig Entschleunigung zu sorgen.

Schließlich sind Menschen keine Wegwerfware. Aber allein die Tatsache, dass das Bild bei einem Großteil der gängigen Dating-Apps dominiert und der Text im Display erst bei genauem Hinschauen beziehungsweise Anklicken des Profils wirklich sichtbar wird, zeigt ja schon, worum es hier am Ende geht: Aussehen ist alles – zumindest auf den ersten Blick. Da ist auch was dran, denn wenn wir Daten wollen, geht es nun mal um sexuelle Anziehung und Begehren.

Wir sollten uns also die Frage stellen, worum es uns in dem Moment beim Swipen geht: Wollen wir einen Körper oder einen Menschen kennenlernen? Dieser Gedanke kam mir, als ich immer mehr den Wunsch nach Slow-Sex in den Profilbeschreibungen auf Dating-Plattformen vernahm. Vielleicht hatten sie das auch schon vorher in ihren Profilen stehen, aber mir fällt es erst in der letzten Zeit immer öfter auf. Das kann auch daran liegen, dass ich mich selbst mehr danach sehne als vor einigen Monaten noch und es daher unbewusst stärker wahrnehme als zuvor – es springt mir sozusagen ins Auge, auf den ersten Blick.

Apropos Slow-Sex: Es wirkte fast schon wie eine Art Gegenbewegung zu der vorherigen »Kinky/rough/no strings attached«-Fraktion. Ein Kennenlernen und das Aufbauen einer gemeinsamen Verbindung, die über das Körperliche hinausgeht, stand an erster Stelle und wurde auch mir in manchen Eröffnungskonversationen – oder Intros, wie es auf OkCupid heißt – direkt als Ziel kommuniziert. Es stimmt schon: Wenn wir uns mehr Zeit fürs Kennenlernen nehmen würden, wäre der erste gemeinsame Sex mit Sicherheit auch erfüllender und kein weiterer solider ONS, von dem wir uns freundlich verabschieden und der kurz darauf in Vergessenheit gerät. Wie viele bedeutungslos geheuchelte »Klar, wir sehen uns wieder« habe ich schon zu hören bekommen und selbst ausgesprochen? Bestimmt mehr als mir auf Anhieb einfallen.

Einige Stimmen sprachen davon, dass sie mittlerweile mehrere Dates abwarten, bevor sie die Hüllen fallen lassen, zumal sie keine Lust auf eine weitere enttäuschende, wenig intime Nummer haben. Was mich daran gefreut hat: Die Mehrheit hat betont, wie wichtig ihnen offene Kommunikation ist und dass sie ihre Bedürfnislage bereits vorab kommunizieren und mit offenen Karten spielen. Egal, ob es um die reine Lust auf Sex oder eben um mehr geht. Hauptsache, der*die andere wird nicht vor falsche Tatsachen gestellt und baut unverhältnismäßige Erwartungen auf. Ich habe in der Vergangenheit Männer getroffen, die davon ausgegangen sind, dass wir auf jeden Fall im Bett landen, obwohl ich vorher kommuniziert hatte, dass mir an diesem Tag nicht nach Sex oder Ähnlichem war.

All diese Momente und Erlebnisse haben mir immer wieder gezeigt, dass das Finden der eigenen Stimme auch ein Prozess ist, der mit Reife durch Erfahrungswerte zu tun hat. Ich kann in den meisten Fällen nur für mich sprechen, aber oftmals stimmt es damit überein, was mir andere erzählen. Gerade das hohe Aufkommen an alternativen Dating-Portalen und der Nutzer*innen-Anstieg durch die Pandemie macht es einem manchmal schwer, den Überblick zu behalten. Mir fällt immer wieder auf, wie wenig Unterschiede zwischen Social-Media-Kanälen und Dating-Apps mittlerweile zu erkennen sind. Auf beiden Plattformen sehe ich schöne Bilder, fröhliche Menschen, Selbstoptimierung und vor allem -vermarktung.

Letztens erst habe ich auf OkCupid ein Intro – eine Nachricht vor dem Match – geschickt bekommen, in der mir der Herr seinen Lebenslauf und seine Ambitionen für die nächsten fünf Jahre aufgeführt hat. Außerdem fuhr er mit Referenzen von seiner Mutter auf und schrieb, dass ich mich bei Interesse gerne direkt telefonisch melden könnte. »LG und ich freue mich von dir zu hören.« Joah, ich dachte kurz, ich sei aus Versehen auf LinkedIn gelandet.

Liebe ist keine Ware, ebenso wenig wie Menschen, also sollten wir sie auch nicht so behandeln oder kommerzialisieren – zu einem Geschäft machen. Ich versuche mittlerweile, so menschlich und authentisch wie möglich auf Dating-Plattformen zu kommunizieren und gehe nicht davon aus, dass mein Gegenüber nach ein paar Chats, anhand einer Bilderauswahl und einem Kennlernspaziergang oder ersten Treffen, weiß, wie er mit mir umzugehen hat und wo meine Grenzen sowie Bedürfnisse liegen. Das ist andersherum genauso der Fall, daher frage ich einfach, wenn mich etwas interessiert oder ich es wissen will. Egal, ob beim gemeinsamen Essen, Spaziergang oder im Bett. Manchmal reicht es bereits, aufmerksam zu sein und der anderen Person wirklich zuzuhören, denn dabei erfahren wir meistens viel mehr, als wir gedacht hätten.

Ach ja, Tinder ist dieses Jahr übrigens zehn Jahre alt geworden und guess what? Vor zehn Jahren hatte die jüngere Generation noch mehr Sex als heute. Die heutige jüngere Generation – Gen Z – verbringen mehr Zeit mit Swipen als Texten.[23] Swipen fürs Ego. Solange ich weiß, dass ich ihn*sie haben könnte, warum sollten wir sonst matchen, bin ich befriedigt und muss den Menschen dahinter nicht zwangsläufig kennenlernen oder mich mit ihm*ihr auseinandersetzen. Das ist jetzt sehr einfach runtergebrochen, zumal bestimmt auch noch andere Gründe miteinspielen. Online-Dating-Frust oder der Versuch einiger, wieder analog zu daten und einfach mal live und direkt auf der Straße, im Café, im Club, wo auch immer die Initiative zu ergreifen. Stimmt schon, wir würden uns viel Zeit sparen, wenn wir Menschen nicht erst online, über Bilder, kennenlernen würden. Außerdem fühlten sich laut einer Studie 56 % der weiblichen Teilnehmenden nicht sicher auf Dating-Apps.[24] Gründe hierfür sind unter anderem das unerwünschte Erhalten von Dick Pics, sexuellen Übergriffen bei anschließenden Dates und anderweitige unangenehme Erfahrungen wie etwa Stalking. Die VOLLBILD Redaktion des SWR hat dazu recherchiert und eine Reportage zum Thema Übergriffe bei über Datingplattformen vereinbarten Dates unter dem Titel »Date Rapes« veröffentlicht.[25]

Social Media als Kanal: Wissen durch Sichtbarkeit und Austausch

Egal ob Instagram, Twitter oder TikTok, Social-Media-Plattformen bieten mehr als die reine Vernetzung mit Freund*innen. Die Plattformen sind für die jüngere Generation unter anderem auch deswegen interessant, weil sie Aufklärungs-Channel und informative Feeds zu einer großen Bandbreite an Themen bieten. TikTok zum Beispiel: Die App überzeugt durch eine eigene Dynamik, der Newsfeed besteht aus Reels. Das sind circa fünfzehn bis sechzig Sekunden lange Videos, die meistens mit Sound unterlegt sind und vor Special Effects triefen. Im Gegensatz zu Facebook und Instagram, wo Texte und Bilder dominieren, wirkt TikTok laut und aufdringlich, oder passender formuliert: jung und wild. Bei genauem Hinsehen wird außerdem schnell klar: Hier drin steckt bestimmt einiges an Aufklärungs-, aber auch nicht zu unterschätzendes Gefahrenpotenzial, zumal der Content von den meisten Jugendlichen unbeaufsichtigt konsumiert wird und bei dem ein oder anderen semiprofessionellen Aufklärungs-Reel tauchen vielleicht mehr Fragen auf als geklärt werden. Schließlich darf nicht außer Acht gelassen werden, dass erst einmal jede*r auf TikTok Content hochladen kann, der*die einen Account hat. Ebenso wenig wie auf Pornhub und Co. nach dem Ausweis gefragt wird, muss bei TikTok niemand sein Abschlusszeugnis der Sextherapeut*innen Ausbildung oder Ähnliches hochladen, bevor er*sie mit der Aufklärungsarbeit beginnt.

Vor Kurzem habe ich mich mit den Kindern einer Freundin unterhalten, die beiden sind jetzt zehn und zwölf Jahre alt. Sie hatten viele Fragen, und meistens ging es um, na klar, Liebe und Sex. Gerade die Frage, wann und wie sie erkennen, zu welchem Geschlecht sie sich hingezogen fühlen, beschäftigte sie am meisten. Ihnen war bewusst, dass es sich hierbei um ein Gefühl und keine Entscheidung handelt, aber sie wollten endlich wissen, wann sie eine Antwort auf die Frage hätten. Zugegeben, damit hatten sie vielen älteren Herrschaften bereits einiges voraus, denn von ihnen müsste ich mir mit Sicherheit nicht anhören, dass ich mich einfach nur nicht entscheiden könne und um Aufmerksamkeit buhlen würde, wenn ich mich öffentlich zum Thema Bisexualität, zu meiner Bisexualität, äußere.

Ich war erstaunt, die Kids haben bereits viel über Hetero-/Homo- und Bisexualität gehört und wussten, was es mit Transgender auf sich hat und was es bedeutet, non-binär zu sein. Respekt – das wusste ich selbst nach dem Abschluss meines Bachelors alles noch nicht. Darüber hinaus macht es mich glücklich zu sehen, wie tolerant und aufgeklärt diese Generation, zumindest hier in Berlin, aufzuwachsen scheint.

Während meine Generation, die Kinder der 90er, ein Großteil dessen, was sie in jungen Jahren über Sexualität zu wissen glaubten, in der *BRAVO* gelesen haben, bietet TikTok den heutigen Jugendlichen eine Art Dr. Sommer im Videoformat. Nicht nur TikTok, auch Instagram und YouTube warten mit aufklärerischem Content auf. Meist in Bildform oder Posts mit mehreren Slides und Text, aber auch mittels gut produzierter Aufklärungsvideos, erhalten die Nutzer*innen Informationen rund um Geschlechtsverkehr, Masturbation, Menstruation, weibliche Lust, Konsens, Verhütung, Geschlechtskrankheiten und das Thema Diversität – zum Beispiel vermittelt durch Mitglieder*innen der LGBTQIA+-Community. Alles rund um das Thema Sex, schamfrei inklusive Special Effects aufbereitet und gut dosiert, zielgruppengerecht vermittelt. Von einigen Videos konnte ich auch noch was lernen.

Darüber war ich nicht bloß erstaunt, sondern auch ein wenig wehmütig, dass es diese Option für mich damals nicht gegeben hatte. Wolfgang Ullrich schreibt in seinem Artikel »Mein anderes Ich«, dass »sich online manchmal mehr riskieren [lässt] als im herkömmlichen öffentlichen Raum. Wer in ihm – wie etwa Menschen der LGBTQ+-Bewegung – physischen Aggressionen ausgesetzt ist, kann sich auf Plattformen wie Instagram und TikTok stärker vernetzen und Teil einer Community werden, deren Mitglieder sich wechselseitig unterstützen«.[26]

Ein wichtiger Punkt, wie ich finde, denn gerade Diskriminierungserfahrungen in der Jugend können unsere Identität nachhaltig prägen und dafür sorgen, dass wir verunsichert und versteckt durchs Leben gehen; uns unserer Großartigkeit gar nicht erst bewusst werden (können). Eine Community, selbst wenn sie nur online existiert, kann ein *safe space* sein, der ein Gefühl von Zugehörigkeit und Sicherheit vermittelt und somit von unschätzbarem Wert für die Betroffenen ist. Warum? Weil Verständnis Sex für die Seele ist, ich kann es nicht oft genug sagen.

Und wenn dadurch gemeinsames Empowerment möglich wird, laut Ullrich, »so führt das zu exponierten Selbstinszenierungen, in denen man sowohl Diskriminierungserfahrungen sichtbar machen als auch aktivistisch für die eigenen Ideale werden und so für mehr Gleichberechtigung kämpfen kann. Ändern sich die Sehgewohnheiten aber erst einmal im Netz, ist auch auf mehr Toleranz in real life zu hoffen.«[27] Dem ist nichts hinzuzufügen.

Aber Vorsicht: Gerade Aktivismus wird auf den sozialen Plattformen oftmals hochgradig emotional, aber vor allem laut, kommuniziert. Dabei geht, meiner Meinung nach, die Botschaft unterwegs verloren. Mehr Misstrauen im Vorhinein würde uns manchmal viel Irritation im Nachhinein ersparen. Wieso sehnen sich einige danach, scheinbar »fehlerlosen« Vorbildern (nicht nur) auf Social Media zu folgen? Ist die Enttäuschung dann nicht bereits vorprogrammiert? Irren ist menschlich, fehlbar sein authentisch. Wir regen uns im Nachhinein gern über ihr Fehlverhalten auf, geben ihnen aber im Vorhinein die (Wirkungs-)Macht in Form von Reichweite. Weniger idealisieren, mehr diskutieren wäre in manchen Momenten vielleicht die bessere Wahl. Und noch ein kleiner Tipp: Wer schreit, hat nicht automatisch recht, aber dafür in vielen Fällen einiges zu verbergen. Das waren zumindest meine Gedanken, nachdem ich mir einige Shitstorm-Dynamiken angeschaut habe. Sehr viel persönliche Schicksale, sehr viel geteilter Schmerz, sehr viele unbeteiligte »Prozessbeobachter*innen« und wenig konstruktive, lösungsorientierte Kritik – dafür an einigen Stellen Doppelmoral. Ich würde mir wünschen, dass wir gerade in aktivistischen Kontexten gewaltfreier miteinander kommunizieren, denn Grenzüberschreitungen können ebenso auf verbaler Ebene stattfinden und Einzelschicksale ersetzen keine Statistiken. Nicht mal die gefälschten. Außerdem gilt: »Viel gehört« ist noch lange kein Synonym für »erlebt«. Selbstermächtigung fängt eben auch bei einer differenzierten Auseinandersetzung mit unterschiedlichen Themen und Sachverhalten an.

Natürlich bergen Social-Media-Plattformen wie eingangs bereits erwähnt auch Gefahren, gerade für junge Menschen, wenn zu viel Information falsch verarbeitet wird. Das kann bei den Empfänger*innen zu Verwirrung statt Klarheit führen. Und falsche Informationen sind ein großes Problem, denn natürlich bieten diese Plattformen aufgrund ihres Community-Charakters auch den perfekten Nährboden für radikale Ideologien, Verschwörungstheorien, Mobbing, Hate Speech, (Body) Shaming und vieles mehr. Zusammenfassend würde ich so weit gehen zu sagen, dass in ihnen ebenso viel (Aufklärungs-)Potenzial steckt wie Gefahren lauern. Ein besserer Zugang zu Informationen schafft am Ende eben auch neue Herausforderungen. Die Lehrpläne müssen an die Lebensrealität der Kinder angepasst und das Themenspektrum im Aufklärungsunterricht dementsprechend erweitert werden. In vielen Schulen hat sich leider aufgrund mangelnder Gelder, fehlender Lehrkräfte und überholten Lehrplänen nicht viel verändert. Aber wie wollen wir die jüngere Generation zu selbstbestimmten Menschen erziehen, wenn wir ihnen weiterhin veraltete Aufklärungsbücher und -materialien zur Verfügung stellen? Stichwort: Klitoris, die erst neuerdings detailgetreu in Schul- und Medizinbüchern abgebildet ist.

Wenn die Gesellschaft davon ausgeht, dass junge Menschen sich ihr Wissen über Diversität, alternative Beziehungs-/Geschlechterkonzepte und sexuelle Orientierungen selbst aneignen, wie soll da eine echte Auseinandersetzung mit Themen wie immer noch verbreitete Geschlechterklischees oder Stigmatisierung von homo-/bi-/transsexuellen Menschen stattfinden? Wir brauchen mehr Debatten zu den Themen Konsens, Kommunikation, Grenzen setzen et cetera.

Wenn wir bereits in jungen Jahren besser aufgeklärt werden, würden einige Problematiken mit Sicherheit gar nicht erst entstehen, Identitäten nicht unbedingt infrage gestellt und weniger Grenzen überschritten werden. Wir sind meiner Meinung nach verpflichtet, jungen Menschen ein wahrhaftiges Bild von Sexualität und eine umfangreichere Aufklärung zu vermitteln.

Sprachlicher Konsens: Warum eine tolerante Fehlerkultur unerlässlich ist

Ein weiterer wichtiger Punkt: sprachlicher Konsens. Denn Sprache ist Macht, und wie wollen wir Mädchen zu selbstbestimmten Frauen erziehen, wenn wir ihnen zum Beispiel nicht einmal die korrekte Bezeichnung ihrer Geschlechtsorgane mit auf den Weg geben, sodass sie jedes Mal zusammenzucken, wenn sie ihr eigenes Geschlecht benennen sollen. Vulva? Scheide? Vagina? Allein hier entsteht Verwirrung. Was ist was und was ist falsch? Richtig: Scheide ist definitiv falsch und nein, Vulva und Vagina sind nicht das Gleiche. Während Vulva das äußere weibliche Geschlechtsorgan beschreibt, handelt es sich bei der Vagina um den inneren Teil. Alles schon erlebt, besser gesagt gehört. Außerdem taucht der Begriff Scham erschreckend oft im genitalen Kontext auf: Schamlippen, die Scham (bedecken), Schambein.

Aber Sprache ist nicht nur Macht, sondern kann auch für Verwirrung sorgen. Vor allem dann, wenn der Diskurs immer weiter abdriftet, oder anders gesagt: theoretisiert, und somit zu einem abstrakten Konstrukt wird, dem nicht alle unbedingt folgen können oder wollen. Sei es aus fehlendem Interesse, mangelndem Know-how oder nicht vorhandener Zeit.

Zugegeben, ich habe auch einige Zeit gebraucht, bis ich mich ausreichend belesen hatte und wusste, was genau unter agender, non-binär, genderqueer, -nonconforming oder -fluid et cetera zu verstehen ist. Die Debatte hat zum Teil Ausmaße angenommen, die es einigen von uns schwer macht, sich im richtigen Moment passend auszudrücken. Spreche ich nun von Frauen, Vulvaträger*innen oder weiblich gelesenen Personen? Der Begriff »Frau« ist ein gesellschaftliches Konstrukt, weil er Eigenschaften und Tugenden impliziert, die wir dem Frausein zuschreiben; Vulvaträger*innen geben lediglich ihr »sex« preis, also ihr biologisches Geschlecht, denn sie sind nun mal im Besitz einer Vulva; weiblich gelesene Personen werden aufgrund ihrer körperlichen Erscheinungsmerkmale zwar von außen als weiblich identifiziert, was aber nicht gleichbeutend damit ist, dass sie sich auch als weiblich im Sinne des gesellschaftlichen Frauenbilds bezeichnen würden.

Wie man sieht, haben sich in den letzten Jahren viele neue Begrifflichkeiten, die ihre Daseinsberechtigung haben und dank mehr Sichtbarkeit auch zu mehr Verständnis und Toleranz gegenüber Betroffenen führen, entwickelt. Und genau das ist der Punkt: Für viele, ich behaupte für die meisten von uns, sind es eben »neue« Begriffe und Definitionen, die sich erst einmal im Bewusstsein manifestieren müssten. Das braucht Zeit und wir eine tolerante(re) Fehlerkultur. Menschen zu shamen, weil sie sich falsch ausdrücken oder »überholte« Begriffe benutzen, ist nicht zielführend. Ich selbst wurde oft zurechtgewiesen, dass ich nicht mehr von Frauen sprechen solle, weil ich damit Menschen ausgrenzen würde. Wichtig ist es, in solchen Momenten einmal kurz innezuhalten und nicht vom eigenen Erwartungshorizont auf andere zu schließen. Ich gebe mir Mühe, aber muss mich eben auch aus jahrzehntelangen Denkmustern befreien und wenn ich beispielsweise aus eigenen Erfahrungen, einer rein subjektiven Sicht spreche, dann spreche ich automatisch von Männern und Frauen, weil sich diese Personen eben als Männer und Frauen identifizieren. Das trifft zumindest auf alle Protagonistinnen und Protagonisten in diesem Buch zu und wenn nicht, dann habe ich es auch benannt.

Aus eigener Erfahrung kann ich sagen, dass ich eher eingeschüchtert bin und mich zurückziehe, wenn mir Kritik lauthals oder in Form eines Shitstorms entgegengebracht wird. Ich bin immer offen für konstruktive Kritik. Einmal sprach ich auf einem Panel, und einem der Teilnehmenden gefiel nicht, was ich auf eine Frage nach Sexismus in unserer Gesellschaft antwortete. Ich wurde danach mehrmals unterbrochen, mit bösen Blicken gestraft und energisch kritisiert. Keine schöne Ausgangslage für eine Diskussion, in der doch alle Stimmen gehört werden sollen. Aber ich verstand natürlich auch, dass es sich dabei um ein Thema handelte, bei dem viele diskriminierende Erfahrungen und negative Emotionen mitschwingen. Harte Sprache zeugt weniger von innerer Härte als viel mehr von Zerbrechlichkeit, meine Meinung. Woher ich das zu wissen glaube? Nun ja, Angriff ist die beste Verteidigung. Eine wirklich neue Erkenntnis ist es also nicht.

Mir ist bewusst, dass ich beispielsweise in meiner woken Berlin-Bubble schneller auf Menschen treffen werde, die all diese Begrifflichkeiten und Konzepte bereits verinnerlicht haben. Aber gleichzeitig weiß ich, dass es in anderen Teilen des Landes anders aussieht. Wenn ich zum

Beispiel meine Eltern, aber auch Freund*innen und Bekannte besuche, die in »kleineren« Städten (zugegeben, gegen Berlin ist jede Stadt in Deutschland »klein«) leben, dann bemerke ich schnell, dass hier die Uhren eben noch anders ticken. Keinem*r von ihnen würde ich beispielsweise Transfeindlichkeit unterstellen, nur weil es für sie im ersten Moment schwer vorstellbar zu sein scheint, dass eine »Frau« eben auch einen Penis haben kann. Seien wir doch mal ehrlich: Wie vermessen ist es eigentlich, von jedem*r zu erwarten, dass er*sie den (radikal) feministischen Diskurs inklusive aller Konzepte, Begrifflichkeiten und Theorien sofort verinnerlicht hat? Richtig: sehr! Gesellschaftlicher Wandel braucht Zeit, nicht nur Traumata werden über Generationen vererbt.

Statt zu shamen und unserem Gegenüber ein schlechtes Gefühl zu geben, würden wir viel besser daran tun, uns gegenseitig zu helfen – uns aufzuklären. Aber eben auf eine liebevolle Art und Weise. Gewaltfreie Kommunikation ist das Stichwort. Ich kann jedem*r nur empfehlen, sich einmal mit Marshall B. Rosenbergs Handlungskonzepten auseinanderzusetzen. Ehrlich gesagt mache ich auch dicht, wenn mich jemand direkt blöd anmacht oder bewusste Diskriminierung unterstellt, nur weil ich noch nicht ganz up to date bin, was die Definition der mittlerweile 22 (!!) geschlechtlichen Präferenzen – zumindest auf OkCupid – betrifft. Zugegeben, ich habe selten so lange gebraucht, um ein Dating-Profil auszufüllen. Ich bin mir nicht sicher, ob es wirklich zielführend ist, die Debatte immer weiter zu abstrahieren.

Ein weiteres Beispiel ist die Debatte um die genaue Definition von Bisexualität. Im historischen Kontext ist der Begriff »Bisexualität« als Definition für das Begehren von mehr als einem Geschlecht festgelegt. Dabei geht es nicht darum, das binäre System zu verstärken und sich ausschließlich auf Männer und Frauen zu beziehen. Laut Dr. Julia Shaw, Bestsellerautorin des ersten Sachbuchs über Bisexualität, kann Bisexualität als der Oberbegriff für unter anderem pan-, poly- und omnisexuell gesehen werden, denn die betroffenen Gruppen geben, wenn es um geschlechtliche Anziehung geht, die gleichen Personengruppen an.[28] Im Verlauf der letzten Jahre haben sich im Diskurs um sexuelle Orientierungen immer mehr Untergruppen und Abspaltungen entwickelt, die aber letztlich unter bisexuell zusammengefasst werden können.

Der Meinung bin ich auch, denn schließlich habe ich immer betont, dass ich mich in Menschen verliebe, in Charaktereigenschaften und die Verbindung, die wir teilen. Ich gebe mich am Ende des Tages den Gefühlen hin, die ich für die Person habe. Wie dem auch sei, nachdem ich einen Artikel über mein Outing und Leben als Bisexuelle, die auf alle Geschlechter steht, veröffentlichte, bekam ich zu hören, dass ich dann pan- oder polysexuell sei, aber auf keinen Fall bisexuell. »Sprache ist wichtig!«, fügte die Verfasserin der Kritik noch hinzu. Ja, das stimmt. Sprache ist wichtig, aber Wissen eben auch. Fundiertes Halbwissen hingegen gefährlich.

Ich will derjenigen keinen Vorwurf machen. Generell bin ich gegen das ständige Labeln und würde mir wünschen, dass wir einfach von Menschen sprechen und anstatt immer mehr Schubladen aufzumachen, vielleicht die ein oder andere schließen würden, um uns zu vereinen. Leichter gesagt als getan, das ist mir bewusst.

Auch hier geht es wieder viel um Grenzen. Sich abgrenzen, andere ausgrenzen, die Gruppe eingrenzen, anderen Grenzen aufdrücken oder die der anderen übertreten. Mir ist im Laufe der Jahre und durch eine Therapieerfahrung deutlich bewusst geworden, wie viel das Ganze oftmals mit einem ganz anderen Konflikt zu tun hat: dem Abgrenzungskonflikt, den wir zu oder mit unseren Familien führen und dessen Ausgang definiert, wer oder was wir sind. Wir spiegeln das Verhalten unserer ersten Vorbilder, wir lernen von ihnen, wir reproduzieren ihre Traumata. Das macht uns als Menschen noch mal um einiges vielschichtiger. Sozialisation und Erziehung machen mehr aus, als wir uns vielleicht manchmal eingestehen wollen. Vor allem, wenn wir längere Zeit versuchen, dagegen anzukämpfen, indem wir unsere ersten Vorbilder ablehnen. Grenzen setzen ist selten so schwer, wie wenn es um die eigene Familie geht.

Wenn Grenzen überschritten werden

Bisher habe ich viel darüber gesprochen, wie man die eigenen Grenzen erkennen und kommunizieren kann. Aber was passiert, wenn Grenzen überschritten werden? Eins ist klar: Das bleibt nicht ohne Konsequenzen. Zumindest nicht für die Opfer, aber erschreckend oft für die Täter*innen. Nicht nur Menschen überschreiten Grenzen, auch zwischenmenschliche Beziehungen können zu Abhängigkeitsverhältnissen führen, die seelisch krank machen. Gerade, wenn emotionale Grenzen unterwandert werden und das dazu führt, dass einer von beiden, oder beide, sich nicht gesehen, verbunden oder gehört fühlen. Oder schlimmer noch: diskriminiert werden. Zum Beispiel aufgrund ihrer sexuellen Orientierung. Ja, auch das kann innerhalb von Liebesbeziehungen ein Problem darstellen. Viel zu oft hörte ich, in diesem Fall von offiziell heterosexuellen Menschen, dass sie ihre gleichgeschlechtlichen Gelüste, und somit ihre Bisexualität, versteckt hielten, um ihre Partner*innen nicht vor den Kopf zu stoßen oder aufgrund ihres Verlangens zum promiskuitiven und nicht vertrauenswürdigen Sexobjekt degradiert zu werden. Ich möchte an dieser Stelle ausdrücklich darauf hinweisen, dass ich über meine subjektiven Erfahrungen spreche.

Die Folgen überschrittener Grenzen können ebenso mannigfaltig sein wie der Missbrauch selbst. Beispiele hierfür sind Drogen- und Alkoholkonsum sowie Medikamentenmissbrauch, essgestörtes Verhalten, sich selbst Wunden, Brüche oder blaue Flecken zuzufügen, Selbstbestrafung. Der medizinische Fachbegriff dafür lautet übrigens parasuizidales Verhalten. Eine Dissertation der Universitätsklinik Freiburg für Psychiatrie und Psychotherapie aus dem Jahre 2008 veröffentlichte bereits erschreckende Zahlen, zumal »annähernd 40 % der Jugendlichen mit Störung des Sozialverhaltens, aggressivem Verhalten oder Delinquenz selbstverletzendes Verhalten [zeigen]. Von allen weiblichen Jugendlichen, die sich selbst verletzen, berichten 42 % bis 66 % von sexuellem Missbrauch in der Vorgeschichte«.[29]

Schweigen kann tödlich sein, denn ein Trauma verschwindet nicht, wenn man es verdrängt. Wäre schön, funktioniert aber nicht. Auch ich musste in den vergangenen Jahren, wie in den vorherigen Kapiteln bereits geschildert, manch eine unangenehme Erfahrung machen, um zu begreifen, dass es unerlässlich ist, für sich einstehen zu können. Leider gab es auch Erfahrungen, die mich nachhaltig geprägt und lange Zeit nicht losgelassen haben. Lasst euch nur eins gesagt sein: Depressionen sind kein Kinderspiel und können ansteckend sein – im wahrsten Sinne des Wortes.

Woran ich merke, dass ich längere Zeit über meine Grenzen hinaus agiert und meine echten Bedürfnisse unterdrückt habe? Ganz einfach, sobald die schwarze Katze mich nachts heimsucht. Das klingt jetzt rätselhafter, als es sein soll. Aber ich denke, es ist klar, wovon ich rede: Schlaflosigkeit, weil der Weltschmerz mal wieder reinknallt. Weltschmerz ist laut meinem Therapeuten nicht viel mehr als der Versuch, die eigenen Gefühle zu rationalisieren, um die aufkommenden Emotionen besser einordnen zu können. Spannend, darüber habe ich länger nachdenken müssen. Ich bin zu dem Schluss gekommen, dass er Recht hat. Zu viel Empathie gepaart mit Hilflosigkeit muss zwangsläufig überfordern. Abgrenzen ist das Stichwort.

Diese schlaflosen Nächte, ebenso endlos wie anstrengend. Denn es ist immer das Gleiche: Wieder einmal wache ich auf, plötzlich, unverhofft, schlagartig sitze ich aufrecht im Bett und starre in die gegenüberliegende Ecke des Zimmers. Ich erahne es schon, das funkelnde Augenpaar, versteckt in der Dunkelheit. Leuchtende Augen starren mich an und warten darauf, mich zu verschlingen. Zu wem dieses Augenpaar gehört? Zu einer schwarzen Raubkatze, die bereits, seit ich mich zum Schlafen ins Bett gelegt habe, unauffällig in meinem Zimmer herumschleicht und nur darauf wartet, bis ich empfänglich bin für all den Schmerz und Kummer. Empfänglich, oder anders ausgedrückt: wehrlos genug, sodass die dunklen Gedanken Besitz von mir ergreifen können.

Die schwarze Raubkatze, ein Puma, majestätisch-elegant, unberechenbar und gefährlich. Ich lege mich wieder hin, starre an die Decke, schließe die Augen erneut und versuche, mich an das Geträumte zu erinnern, in der Hoffnung, wieder nahtlos in den Schlaf zu gleiten. Aber es gelingt mir nicht, die Gedanken werden lauter, sie sind diffus, wenig greifbar, aber das Gefühl in meiner Magengegend ist mir bekannt. Leicht beklommen und ängstlich fühle ich mich, bereits wissend, was mir in den nächsten Stunden bevorstehen könnte. Alles, aber kein Schlaf. Der Puma bleckt bereits die Zähne, lauert in der Ecke und starrt mich an. Für die Außenwelt unsichtbar, für mich unverkennbar. Er ist geduldig, er kennt mich gut, erspäht die Risse in meinen Mauern und weiß, dass der Moment kommen wird, in dem er sich widerstandslos auf mich stürzen kann. Er spielt mit meinen Ängsten, ergötzt sich an dem Chaos meiner Gedanken.

Im Laufe der Jahre habe ich gelernt, dass irrationale Gedanken versteckte Botschaften sind. Es ist wichtig, ihnen Beachtung zu schenken und sie vielleicht sogar zu äußern. Sie spiegeln zwar nicht die Realität wider, aber dafür unsere verborgensten Ängste und größten Unsicherheiten. Gerade in emotional belastenden Situationen tauchen sie in Form von unkontrollierbaren Gedankenstrudeln und/oder nicht zu bändigenden, teils heftigen, Emotionen auf.

»Nein, nein, nein, dieses Mal nicht«, denke ich. »Bitte, gib mir noch etwas Zeit, etwas Schlaf«, flehe ich. Ich drehe mich von der rechten auf die linke Seite. Harre in Embryostellung aus, gegen die Wand oder aus dem Fenster starrend. Ich konzentriere mich auf meine Atmung, zähle die Atemzüge, tue alles, damit das Gedankenkarussell gar nicht erst in Gang kommt. Das funkelnde Augenpaar stets im Augenwinkel. Manchmal gelingt es mir, wieder einzuschlafen. Aber manchmal nicht, dann ergebe ich mich. Der Puma hat das natürlich gespürt, springt aus der Ecke mit einem Riesensatz auf mich zu und verschlingt auch das letzte bisschen positive Energie im Austausch gegen tiefe Dunkelheit, Gedankenschwere, ein Gefühl der Ohnmacht und Hilflosigkeit, gepaart mit dem schlimmsten Gefühl: Perspektivlosigkeit.

Perspektivlosigkeit ist die Vorstufe von Hoffnungslosigkeit, und die ist gefährlich, weil sie zu purer Verzweiflung führen kann. Und verzweifelte Menschen machen manchmal selbstzerstörerische oder grausame Dinge.

Der Puma hat also bekommen, was er wollte. Er hat gesiegt. Das Gedankenkarussell nimmt Fahrt auf, schneller und schneller, auf und ab. Eine emotionale Achterbahnfahrt, aber leider fehlen die positiven Emotionen. Die schönen Gefühle kann ich nicht empfinden. Ich fühle mich unzulänglich und taub. Ein Blick auf die Uhr sagt mir, es ist drei Uhr morgens, in drei Stunden wird es hell. Vielleicht einfach einen Podcast hören, ablenken, auf die Stimmen konzentrieren. Unmöglich, dafür habe ich keine Konzentration. Sie reden und reden, aber ich höre nur einzelne Wortfetzen, und ihr Lachen oder Streiten macht mich wahnsinnig, denn es ist so laut, dass die Stimmen, die in meinem Kopf diskutieren, sich gestört fühlen. Ein Stimmengewirr im Innen und Außen, besser, ich mache den Podcast wieder aus, dafür muss ich nur auf den Bildschirm meines Handys drücken. Die Stimmen in meinem Kopf hingegen diskutieren weiter, entwerfen Szenarien in der Vergangenheit und in der Gegenwart. Unsicherheiten kommen zum Vorschein, innere Ängste und unterdrückte Gefühle bahnen sich ihren Weg. Existenzangst, Einsamkeit, Zweifel … Zweifel an lange zurück liegenden und kürzlich getroffenen Entscheidungen. Die Zukunft wirkt auf einmal unberechenbar, beinah bedrohlich.

Angst, Angst und noch mehr Angst. Wenn ich ehrlich zu mir selbst bin, weiß ich, dass ich die Raubkatze erschaffen, sie mit meinen unterdrückten Gefühlen und verdrängten Erinnerungen genährt habe. Es liegt also allein an mir, sie in den Griff zu bekommen und zu zähmen. Aber wie? Grenzen setzen ist wichtig, denn wenn ich zu lange über meine Grenzen hinaus agiere oder andere nicht daran hindere, meine Grenzen zu übertreten, verliere ich im gleichen Atemzug das Wichtigste: die Verbindung zu mir selbst und meinen Bedürfnissen.

Ich stelle mir immer vor, dass der schwarze Puma, der mir meine Leichtigkeit raubt, verschwindet, sobald ich mein Innerstes aufgeräumt, die Gedankenstrudel aufgelöst und selbst in den letzten Ecken nach versteckten Ängsten und Unsicherheiten geschaut habe. Nein, ich glaube nicht nur an diese Vorstellung, ich weiß, dass es so ist. Schließlich habe ich auch Phasen, in denen die Raubkatze und ich uns über lange lange Zeit nicht zu Gesicht bekommen. Vermissen tue ich sie in den Momenten nicht. Vielleicht, weil ich weiß, dass sie jederzeit zurückkommen kann – das liegt allein an mir. Ganz passend in dem Kontext fand ich die Antwort der verstorbenen Sängerin Amy Winehouse auf die Frage, was ihre größte Angst ist, wovor sie sich am meisten fürchtet: »I am the most afraid of myself.« Recht hat sie (behalten). Oh Amy!

Flucht in den Rausch: Konsumieren statt reflektieren

Manchmal ist es einfacher, negative Gefühle zu verdrängen, anstatt sie zu fühlen, sie zu durchleben. Mir geht es so, wenn ich mich einsam und verloren fühle. Dann empfinde ich es als besonders schmerzhaft, meine eigene Lage zu reflektieren. Am Ende finde ich mich regelmäßig in den gleichen hoffnungslosen Gedankenstrudeln wieder. Damit scheine ich nicht, allein zu sein, zumindest nicht innerhalb der queeren Community. Denn »Schwule, Lesben und Bisexuelle leiden weit mehr unter Problemen mit der psychischen Gesundheit als Heterosexuelle«. Auch wegen erhöhtem Drogen- und Alkoholmissbrauch sei diese Gruppe eher gefährdet als der Rest der Bevölkerung. Das ist das Ergebnis einer im Fachmagazin *Psychological Medicine* veröffentlichten Studie von Wissenschaftler*innen mehrerer englischer Universitäten.[30]

Statistiken belegen, dass bisexuelle Frauen die suchtgefährdetste Gruppe innerhalb der LGBTQ+-Community darstellen, zumal beispielsweise ihr Risiko für Schmerzmittelmissbrauch signifikant höher ist als das von heterosexuellen Frauen. Aber nicht nur Betäubungsmittelmissbrauch, sondern auch depressive Verstimmungen, Angststörungen und Suizidalität sind unter Bisexuellen weiter verbreitet als bei anderen sexuellen Orientierungen. Zu den Ergebnissen kam die Studie »Health and Safety Code Chapter 163. Education Program about sexual conduct and substance abuse«[31] mit über 120 000 Teilnehmer*innen.

Kein Wunder, wenn man bedenkt, dass es sich bei Abhängigkeit meistens um Sucht nach Verbindung, den Drang abzuschalten und weniger, oder mehr zu fühlen handelt. Dazugehören, sich connected fühlen – egal, ob mit dem Universum, der Natur, anderen Menschen oder sich selbst. Und dabei der Illusion zu unterliegen, die eigene Gefühlswelt endlich wieder unter Kontrolle zu haben. In dem Fall mit Hilfe eines bewusstseinserweiternden, betäubenden oder aufputschenden Stoffs, der einem die passenden wohligen Gefühle verspricht. Gerade, wenn wir uns abgelehnt, nicht gesehen, außen vor oder diskriminiert fühlen, kann das Verlangen nach Vereinigung schmerzhaft intensiv werden.

Zumindest geht es mir so, wenn ich mich verloren und nicht zugehörig fühle. Dann sehne ich mich unfassbar nach einer Connection, nach etwas, was mich erfüllt und wieder in der Realität präsent sein lässt. Alleinsein führt bei mir dazu, dass ich mich in meinen Gedanken verkrieche und nach geraumer Zeit gefühlt mehr in irgendwelchen Parallelwelten als der »eigentlichen« unterwegs bin.

Der Lesben- und Schwulenverband hat das 2020 erschienene *Journal of Mental Health Monitoring* des RKI zusammengefasst. Die Ergebnisse beziehen sich auf die gesundheitliche Lage von lesbischen, schwulen, bisexuellen sowie trans- und intergeschlechtlichen Menschen.[32] Auffällig dabei sind auch die unterschiedlichen Zufriedenheitslevel innerhalb der queeren Community, die belegen, dass Diskriminierung auf unterschiedlichen Ebenen und individuell verschieden stattfindet.

Weitere Studienergebnisse zeigen: »Unter Bisexuellen hätten 40 Prozent mit Depressionen oder Angststörungen zu kämpfen, unter Lesben und Schwulen seien es 28 Prozent und unter Heterosexuellen lediglich 16 Prozent. Ähnliche Ergebnisse gab es bei Drogenkonsum: 37 Prozent von Bisexuellen hätten illegale Drogen eingenommen, 25 Prozent von Lesben und Schwulen, aber nur 10,5 Prozent von Heterosexuellen. Bei Alkoholmissbrauch führten Schwule und Lesben die Liste mit 37 Prozent vor Bisexuellen (31 Prozent) und Heterosexuellen (24 Prozent) an.«[33]

Spannend im Kontext Bisexualität ist, dass Männer im Durchschnitt glücklicher als ihre weiblichen Vertreterinnen sind. Während 33 % ihren Gesundheitszustand als sehr gut bezeichnen würden, sind es gerade mal 23 % der bisexuellen Frauen.[34] Woran das liegen könnte? Vielleicht an der doppelten Sexualisierung und Degradierung zum, zumindest laut Porno, willenlosen und allzeitbereiten Sexobjekt, der bisexuelle Frauen unterlegen sind. (Sexuelle) Gewalterfahrungen erleben sie überdurchschnittlich oft im Vergleich zu anderen Gruppen innerhalb der queeren Community. Allein das könnte einen maßgeblichen Einfluss auf ihr Wohlbefinden, und letztlich die Zahlen, haben.

Wichtig ist hier ebenfalls die Anmerkung, dass es weiterhin an medizinischem Fachpersonal mangelt, das auf die Bedürfnisse von Betroffenen aus der LGBTQIA+-Community spezialisiert ist, zumal es sich hier um spezifische Ausgrenzungs- und Diskriminierungserfahrungen handelt, ebenso wie Identitätskonflikte, die für heterosexuelle Menschen oftmals nur schwer bis gar nicht nachzuvollziehen sind. Außerdem braucht es mehr *safe spaces* für queere Menschen, sowohl in der Öffentlichkeit als auch in der Medizin. Gerade homosexuelle Menschen haben mit Stigmatisierungen aufgrund von Geschlechtskrankheiten (Beispiel HIV) zu kämpfen.

Zuletzt kreisten meine Gedanken immer wieder um den Begriff »Abhängigkeit«. Wahrscheinlich unter anderem deswegen, weil ich selbst während des Lockdowns angefangen habe, mehr THC zu konsumieren. »Runterrauchen«, die überschüssige Energie wegrauchen und gerade an den kalten Tagen entspannt umgeben von grünem Samt die Seele baumeln lassen. Zugegeben, besser als Alkohol allemal. Dennoch wird es zum Problem, wenn das beinah jeden Abend geschieht. Egal, ob Joint oder Wein … letztlich spielt der Stoff dann zwar eine, jedoch keine tragende Rolle mehr.

Es geht um den Effekt, den Mensch in diesem Moment zu brauchen scheint: berauscht zu sein. Runterkommen und abschalten; Kontrolle abgeben und Ausbrechen aus dem Alltag; Flucht vor dem Gedankenkarussell. Abgrenzen, wahlweise mit Alkohol oder pflanzlichen sowie chemischen Hilfsmitteln – auf Rezept oder vom Dealer um die Ecke. Egal, Sucht ist Sucht.

Was haben die meisten Trips am Ende gemeinsam? Richtig, wir fühlen uns temporär erleichtert und verbunden, mit unseren Mitmenschen, mit uns selbst, mit dem Planeten, mit was auch immer. Verbundenheit, ein Gefühl, das Menschen, die zu illegalen Substanzen greifen, oftmals fehlt.

Einsamkeit macht auf die Dauer nicht nur eigenartig, sondern kann eben auch süchtig, abhängig, machen, obgleich wir uns als besonders unabhängige/freigeistige Menschen bezeichnen würden. Gerade in meiner reflektierten, achtsamen Bubble, die sich gern über alternative Beziehungskonzepte und Lebensmodelle austauscht sowie Nachhaltigkeit und Natürlichkeit predigt, fällt mir immer wieder auf, dass die »freiesten Menschen« gleichzeitig die experimentierfreudigsten Konsument*innen sind. Ob psychedelisch, pflanzlich oder chemisch sei mal dahingestellt.

Aber eigentlich bedeutet Freiheit und Unabhängigkeit in dem Fall: Bewusstsein erweitern, Verbotenes konsumieren, sich unabsichtlich durch Mischkonsum in Gefahr bringen. Grenzen testen, erweitern, kurzzeitig ausreizen. Bewusster Konsum ist in vielen Fällen eine Illusion. Die üblen Streckstoffe, die Drogen enthalten, und die schrecklichen Machenschaften, die dahinterstecken, will ich hier gar nicht weiter beleuchten. Die sind den meisten von uns mehr als bewusst. Wer das abstreitet, hat die Nebenwirkungen verdient.

Solange etwas illegal hergestellt, vertrieben und konsumiert wird, kann es einfach nicht wirklich »gut« sein. Dafür gibt's genug Drogen auf Rezept, die wir frisch aus dem Labor, getestet und kontrolliert, in der nächsten Apotheke erhalten. Opiate olé! So ein Quatsch, aber in erster Linie: gefährlich. Die schlimmsten Entzüge habe ich nach Krankenhausaufenthalten durchgemacht, wenn mir wieder mal reichlich Tilidin und Tramal verabreicht und mitgegeben wurde, beides Schmerzmittel, die zu den Opiaten gezählt werden. Ich sag's euch: Kein Spaß! Aber dafür legal, ebenso wie Alkohol – obwohl der Entzug im Extremfall tödlich enden kann. Klingt vielleicht wenig durchdacht, ist auch so. Die NDR Doku *Alkohol: Erfolgreiche Frauen und die Sucht* brachte neuartige Erkenntnisse zutage, denn entgegen der allgemeinen Annahme, dass zumeist Männer zu starkem Alkoholkonsum neigen, waren es seit 2018 eher Frauen, die zur Flasche griffen. Hierbei handelte es sich nicht, wie vielleicht viele gedacht hätten, um Angehörige der unteren Mittel- oder Unterschicht, sondern Spitzenverdiener*innen.[35]

Eine erschreckende Hintergrundinfo dazu: Allein mehr als 100.000 Drogentote hatte die USA innerhalb eines Jahres zu verzeichnen (April 2020/21). Das bedeutet, dass ungefähr alle fünf Minuten ein Mensch an einer Überdosis stirbt, »wie die Gesundheitsbehörde CDC [Centers for Disease Control and Prevention] kürzlich mitteilte. […] Rund drei von vier dieser Toten in den USA starben an einer Überdosis Opioide. […] In den 1990er-Jahren drängte die Firma Purdue Pharma mit ihrem Oxycodon-haltigen Schmerzmittel Oxycontin auf den Markt […], gab das Suchtpotenzial von Oxycontin fälschlicherweise als niedrig an. Während Oxycodon in Deutschland unter das Betäubungsmittelgesetz fällt, verschrieben Ärzte in den USA die Mittel selbst bei moderaten Schmerzen freizügig. Patienten wurden massenweise abhängig.«[36] Warum ich diese Info als wichtig erachte? Weil sie noch einmal aufzeigt, wie präsent das Thema Sucht in unserem Alltag ist. Wenn wir über Drogen und Sucht sprechen, geht es eben nicht immer direkt um Christiane F. und ihre ebenfalls recht kaputten Freund*innen, sondern um viel greifbarere Beispiele. Man muss sich kein Heroin spritzen, um ein Problem zu bekommen – manchmal reicht eben schon der Gang zum Arzt oder der auffällig regelmäßige Besuch einer Bar.

Für mich stellen sich folgende Fragen: Wann genau beginnt eigentlich Sucht? Was ist Suchtverhalten? Wieso entwickeln wir Süchte?

Bei meinen Recherchen fand ich heraus, dass »süchtig« in den Niederlanden mit »verslaaft« übersetzt wird, was übrigens so viel bedeutet wie »versklavt«. Wenn wir uns einmal vor Augen führen, was manch ein*e Süchtige*r bereit ist, für den nächsten Schuss, die nächste Line, das nächste High zu geben, dann wirkt die Bezeichnung ganz schön passend. Noch passender wäre vielleicht »Substanz-Sklav*innen«. Okay, den Begriff habe ich mir ausgedacht, aber ich finde ihn gut – sehr gut sogar.

Was sagt uns das, dass wir aktuell wieder einen Anstieg von Depressionen und Suchterkrankungen zu verzeichnen haben? Diese beiden Erkrankungen sind ein bekanntes Duo. Viele Betroffene greifen aus Verzweiflung und um »durchzuhalten« zu aufputschenden oder betäubenden Substanzen. Selbstoptimierung – noch so ein Problem, sorry, noch so eine »Herausforderung«! Hier liegt im Übrigen der Kern vieler psychischer Probleme und Suchtkrankheiten: das Gefühl der eigenen Unzulänglichkeit. Stimmt, sage ich mir manchmal, wenn ich mich mal wieder nicht gut genug fühle und denke, ich müsste mehr erreichen oder bereits an einem anderen Punkt sein. Zufriedenheit, schwer zu erlangen, wenn man in einer (über-)privilegierten Wohlstandsgesellschaft lebt. Keiner kennt diese düsteren Gefühle, die mit den negativen Gedankenströmen einhergehen, besser als die schwarze Raubkatze, die mich nachts heimsucht.

Wie zu Beginn des Kapitels bereits erwähnt, sind bisexuelle Frauen besonders von seelischen Krankheiten wie Depressionen, Sucht- und Stresserkrankungen betroffen. Aber nicht nur bisexuelle Frauen leiden im Vergleich zu ihren heterosexuellen Mitmenschen mehr, denn gleiches gilt für den Rest der LGBTQ-Community. 2021 titelte die Zeit »Queere Menschen leiden häufiger an stressbedingten Erkrankungen«[37] und bezog sich damit auf die aktuellen Ergebnisse einer Studie des Deutschen Instituts für Wirtschaftsforschung (DIW). Erschreckend, wie ich finde, aber leider auch wenig überraschend.

Zuletzt habe ich selbst für die *ZEIT* einen Podcast zum Thema Bisexualität aufgenommen, und auch hier schlug mir, ähnlich wie auf Tik-Tok, im ersten Moment viel Wut, Hass und Häme entgegen. »Wenn ihr nicht so heulen würdet, wäre es auch nicht so schlimm.« – »Niemand interessiert sich dafür, wer dich leckt, küsst, stößt …« – »Du bist eine Nervensäge. Diese LGBT-Schiene braucht doch nur eine Daseinsberechtigung. Geh mal raus, da findest du echte Probleme.« Vorherrschende Diskriminierung mittels Diskriminierung leugnen. Respekt!

Was ich da rauslese? Viel Angst, Angst vor Veränderung, vor den eigenen versteckten Bedürfnissen, davor, nicht mehr als »normal« zu gelten, die Dinge nicht mehr zu verstehen, das eigene Wertesystem nicht mehr in längst überholtem Schubladendenken einordnen zu können. Wenn ich dann von Studien wie der folgenden, im Magazin *Psychological Medicine* veröffentlichten lese, die die Daten von über 10 000 Teilnehmer*innen aus den Jahren 2007 und 2014 auswertete, dreht sich mir der Magen um.[38] Die Studie habe gezeigt, schrieb queer.de 2021, dass obgleich die Toleranz in der Gesellschaft gestiegen sei, sich nichts am Verhältnis der Unterschiede zwischen Homo- und Heterosexuellen Teilnehmer*innen geändert habe.[39]

Es macht mich traurig, unfassbar traurig. Und ich fühle mich ertappt: Drogen habe ich phasenweise mal mehr, mal weniger genommen. Meine depressiven Episoden sind mal mehr, mal weniger intensiv. Natürlich behaupte ich nicht, dass das alles mit meiner Bisexualität zusammenhängt. Es gab auch einige andere Auslöser oder besser gesagt Ursachen, die meinem temporären Struggle zugrunde liegen. Bereits in frühester Kindheit unterdrückte Emotionen und Bedürfnisse können dazu führen, dass wir im Erwachsenenalter unser Kindheitsdrama unbewusst wiederholt inszenieren, wie es in der Psychoanalyse so schön heißt, und uns der »Trigger«/der Auslöser gar nicht bewusst sind. Was verleitet uns dazu, uns zu berauschen? Besonders klar wurde mir das, als ich viel über die Folgen von Verletzungen narzisstischer Bedürfnisse bei Babys las. Der Griff zu Drogen im Erwachsenenalter kann beispielsweise der Versuch sein, die bereits im Kindsalter erfolgreich unterdrückten intensiven Gefühle rückwirkend in ihrer vollen Erlebnisintensität zu spüren.[40]

Da erkenne ich mich auf jeden Fall wieder. Wie oft habe ich mich berauscht oder immer neue Drogen ausprobiert, um noch mehr zu spüren; um eine Intensität zu erreichen, die mir kurzzeitig den Verstand raubt. Als ob ich das Bedürfnis hätte, nachträglich eine geballte Ladung Gefühle in höchster Konzentration auf einmal einnehmen zu müssen. Dabei habe ich einige Male in Kauf genommen, dass es eine einmalige Erfahrung hätte bleiben können. Stichwort: Mischkonsum. Nie mit der Absicht zu sterben, aber ohne viel Rücksicht auf mein Leben, meine Gesundheit. Aber wie meine Mutter immer so schön sagt: »Das Glück ist mit den Dummen.« Recht hat sie (zum Glück).

Einige von euch, denen Alice Miller in Verbindung mit der Psychoanalyse ein Begriff ist, werden sich vielleicht fragen, warum ich gerade sie als kontrovers diskutierte Persönlichkeit zitiere. Obwohl sie als Kämpferin für die Würde des Kindes und gegen Missbrauch gilt, bezeichnet ihr Sohn sie als kaltherzige und distanzierte Mutter, unter der er als Heranwachsender zu leiden hatte.[41] Für mich stellt sie somit das perfekte Beispiel für ihre eigenen Theorien dar, denn sie war selbst nicht in der Lage, sich von ihrem kindlichen, oder besser gesagt familiären, Trauma zu befreien und gab es in der Folge an ihren Nachwuchs weiter. Sie schreibt aus der Perspektive einer Betroffenen, auch wenn sich der Gedanke den Leser*innen ohne dieses Hintergrundwissen nicht erschließen mag. Ihr Sohn, Martin, hat 2013 ein Buch mit dem Titel *Das wahre Drama des begabten Kindess* veröffentlicht.[42] Er beschreibt die Kindheit und Jugend seiner Mutter, die aus dem Warschauer Ghetto entkam und sich nach dem Zweiten Weltkrieg ein neues Leben in der Schweiz aufbaute.

Ihr Beispiel verdeutlicht außerdem auf eine tragische Art und Weise, wie sehr wir uns der Auswirkung eines generationsübergreifenden Traumas bewusst sein mögen und uns dennoch nicht gänzlich davon befreien können. Ich stelle mir vor, wie frustrierend es für ihren Sohn gewesen sein muss, seine Mutter ständig über die Herausforderungen für emotional vernachlässigte Kinder sprechen zu hören, während er selbst vernachlässigt wurde. Aber manchmal wiederholen wir Dinge eben besonders oft, damit wir sie selbst irgendwann glauben oder verinnerlichen.

Zurück zum Thema »unterdrückte Bedürfnisse«. Dazu kommt als bisexueller Mensch nicht selten das Gefühl, sich ständig rechtfertigen zu müssen. Sei es vor homosexuellen Freundinnen, dass ich nicht lesbisch bin, oder vor heterosexuellen Partnern, dass es keine Phase ist und ich kein Sexobjekt bin, oder aber vor wildfremden Menschen, die mir auf Social Media sagen, ich wolle nur Aufmerksamkeit und mich könne man eh nicht ernst nehmen. Das alles garniert mit der einen oder anderen übergriffigen Handlung – das macht etwas mit einem, keine Frage. Sich immer wieder rechtfertigen zu müssen bedeutet im gleichen Atemzug, sich selbst immer wieder hinterfragen und beweisen zu müssen. Die eigene Integrität wird jedes Mal aufs Neue in Zweifel gezogen. Das nervt und ist zehrend.

Red Flags: Toxische Beziehungsdynamiken und Selbstsabotage

Toxisch sind nicht nur Vorurteile und Klischees, auch Beziehungen können es sein – und sogar gefährlich werden. Aber was ist eigentlich toxisches Verhalten? Darunter fallen jede Menge Handlungsweisen, für die es mittlerweile Begriffe gibt wie Nonpology, Love Bombing, Gaslighting, Hoovering, Red Flags et cetera. Am Ende handelt es sich eigentlich immer um manipulatives sowie kalkuliertes Verhalten, welches eine Abhängigkeit beim Opfer auslöst oder dessen Unterlegenheit ausdrücken soll. Nonpologies sind beispielsweise Entschuldigungen, die eigentlich keine sind, wie zum Beispiel: »Es tut mir leid. Ich wusste nicht, dass du so empfindlich darauf reagierst.« Damit schreibe ich meinem Gegenüber am Ende nämlich nur die Schuld an den eigenen verletzten Gefühlen zu und ziehe mich selbst geschickt aus der Affäre, indem ich keine Verantwortung für die Konsequenzen meiner Worte trage.

Love Bombing ist besonders manipulativ, auch wenn ich davon ausgehe, dass einige Love Bomber sich dessen gar nicht bewusst sind und nicht unbedingt vorsätzlich so handeln. In der ersten Phase erfolgt die Idealisierung des Opfers. Sie dient dazu, eine emotionale Abhängigkeit herzustellen. Allerdings folgt auf die Phase der Aufwertung die Abwertungsphase, in der der Love Bomber sein Verhalten ändert und auf einmal gebieterisch und beherrschend auftritt. Wer aufgepasst hat, weiß, was dahintersteckt. Richtig: das klassische psychologische Modell der Konditionierung. Ab jetzt wiederholen sich die Phasen abwechselnd, bis es dem Love Bomber schließlich zu langweilig wird oder das Opfer sich wehrt, und er es schließlich wegwirft.[43]

Den Begriff »wegwerfen« finde ich in dem Kontext recht passend, denn wer so die Gefühle eines anderen Menschen zur eigenen Belustigung, oder in dem Fall für einen Ego-Fick, manipuliert und missbraucht, handelt respektlos und tritt sie mit Füßen. Wie eine zerbeulte Bierdose, die auf der Straße liegt und von vorbeilaufenden Passant*innen mal mehr, mal weniger schwungvoll durch die Gegend gekickt wird. Gaslighting, noch sowas Gemeines, wobei es darum geht, die Wahrnehmung des Opfers bewusst zu verzerren und ihm*ihr die Schuld für Disharmonie oder Streitereien aufzuerlegen. Dabei wird vor Lügen und Leugnen nicht gescheut. Die Rede ist also von psychischer Gewalt. Wer jahrelang unter einer verzerrten Wahrnehmung gelitten hat, muss erst einmal wieder lernen, der eigenen Wahrnehmung zu vertrauen. Red Flags sind Warnzeichen beim Dating, die viele von uns mal mehr, mal weniger bewusst übersehen und die uns oft erst im Nachhinein wirklich vor Augen führen, wann wir bereits hätten aus der Nummer aussteigen, oder gar nicht erst einsteigen sollen.

Hoovering beschreibt einen, sagen wir mal, schlecht laufenden Trennungsprozess, zumindest für eine der Parteien, die auf den Verbindungsverlust und damit einhergehenden Gefühlen der Ablehnung nicht klarkommt und versucht, die Expartner*innen mittels Überpräsenz und übertriebener Zuwendung zurückzugewinnen – ohne ernste Absichten; die einzige Absicht ist die Befriedigung des eigenen Egos, doch noch gewollt zu sein. Hoovering bedeutet frei übersetzt staubsaugen, etwas aufsaugen. Was genau? Die Energie und emotionalen Ressourcen des Opfers.

Das klingt alles absolut ekelhaft, aber eben auch nach typisch toxischen Beziehungs- und Verhaltensmustern, von denen mir mehr als einmal Geschichten zu Ohren gekommen sind. Sei es in Form von eifersüchtigen Männern, die ihre Frauen kontrollierten und ihnen im Gegenzug Geschenke machten, sie vor allen begehrten und stolz wie eine Trophäe zeigten, um dann im nächsten Moment merkwürdige Gründe vorzuschieben, um sie zu kontrollieren und kleinzuhalten. Wenn ich mich den Opfern gegenüber dazu äußerte und das Verhalten ihrer Partner hinterfragte, hieß es immer nur: »Er macht das halt, weil er mich so sehr liebt und Angst um mich hat. Er vertraut mir, er vertraut nur den anderen nicht.« Ja, genau. Eine schöne Umschreibung für »Du gehörst mir. Ich entscheide über dich und ich projiziere all meine Konflikte auf dich.«

Welche Konflikte? Bei Eifersucht und Kontrollzwängen spielen Verlustängste meist eine große Rolle. Die eigene Unsicherheit, nicht zu genügen und ersetzbar zu sein, ist ein weiterer Faktor. Auch wenn diese Art Beziehungen nach außen so scheinen, als ob der, in dem Fall, dominante Mann, die Frau gefügig und abhängig gemacht hat. Aber bei genauem Hinsehen wird schnell deutlich, dass eigentlich er derjenige ist, der abhängig ist – seinen eigenen Unsicherheiten und Kontrollzwängen unterlegen. Er ist derjenige, der keine gesunden zwischenmenschlichen romantischen Beziehungen eingehen kann und seine Partnerinnen erst, wie oben beschrieben, konditionieren muss. Würde sie als Erste den Schritt gehen und die Beziehung beenden, weil sie sich aus der Abhängigkeit befreien will, würde er seine Verbindung zu ihr verlieren – und die Kontrolle. Was bleibt dann noch? Richtig, nichts. Auf lange Sicht gesehen ist also der Love Bomber/der Gaslighter/der Aufsauger der Verlierer.

Es gibt wohl nur ein Rezept, sich aus toxischen Beziehungen zu befreien, oder sich gar nicht erst auf welche einzulassen und Opfer zu werden: »Grenzen (er)lernen und anzunehmen, ist ein sehr wichtiger Prozess, um ein gesundes Selbstwertgefühl aufzubauen und Selbstliebe zuzulassen. […] hier gilt es klare Grenzen für sich und für eine zwischenmenschliche Beziehung zu ziehen.«[44] Dabei kann es helfen, die Situation, oder in dem Fall die Beziehung, immer mal wieder von außen zu betrachten und sich zu fragen, ob ein gewisses Verhalten vielleicht bereits übergriffig oder grenzüberschreitend war.[45]

Das ist übrigens ein guter Trick, den man immer wieder anwenden kann. Mit anderen sind wir meistens gnädiger und mitfühlender als mit uns selbst. In der Therapie wurde mir zum Beispiel einige Male ans Herz gelegt, dass ich, wenn ich schlecht über mich rede oder mich nicht gut behandele, mal darüber nachdenken soll, ob ich das der »kleinen Nadine« gewünscht hätte. Ich soll einen inneren Monolog mit mir als Kleinkind oder junge Heranwachsende führen. Oder mit meinem älteren Ich, das gebrechlich und kurz vor dem Dahinscheiden nur noch in Erinnerungen an vergangene Zeiten und verpatzte Chancen schwelgt, weil es zu diesem Zeitpunkt erstmalig wirklich keinen Sinn mehr macht, über die Zukunft nachzudenken, geschweige denn, Pläne zu schmieden.

Das ist eine große Hilfe, die mich immer wieder aus meinen dunkelsten Phasen und Gedankenstrudeln rausgeholt hat. Und am Ende bestimmt auch aus der ein oder anderen toxischen zwischenmenschlichen Verbindung.

Zurück zu ungesunden Beziehungen: Selbstaufgabe wird einem von toxischen Beziehungspartner*innen gern als Grundvoraussetzung für eine intakte romantische Beziehung verkauft, ist sie aber nicht. Eine Partner*innenschaft sollte bereichernd sein und das Beste aus einem herausholen. Sie sollte nicht dazu führen, dass am Ende einer in Selbstzweifeln versinkt und das Gefühl hat, ohne den anderen nicht mehr existieren zu können – abhängig zu sein. Aber auch Leid kann zu Abhängigkeit führen, vor allem seelisches Leid. Hierzu neigen besonders Menschen mit, wie es allgemein heißt, Helfersyndrom, denn sie ziehen ihre Anerkennung und Bestätigung aus dem Gefühl, gebraucht zu werden und helfen zu können. Diese Menschen neigen eher zur Selbstaufgabe und überschreiten ihre eigenen Grenzen dadurch schneller. Früher habe ich mich auch zu diesen gezählt, mittlerweile haushalte ich mit meinen emotionalen Ressourcen sparsamer, aber vor allem wachsamer.

Aber wie das nun mal so ist: Es liegt nicht immer an den anderen – manchmal liegt es an einem selbst. Stichwort: Selbstsabotage. Verhalten können wir maßgeblich beeinflussen und ändern! Manchmal braucht es jedoch Monate, oder auch Jahre, bis wir uns unserer Dämonen wirklich bewusst sind. Wie sollte es auch anders sein, schließlich haben wir uns jahrelang darin geübt, uns selbst zu sabotieren und diese Fähigkeit dahingehend perfektioniert.

Illusion statt Konfrontation. Okay, natürlich lebt es sich für viele in der eigens erdachten Komfortzone besser als in der rauen Realität. Das Gefühl bekomme ich immer wieder, wenn ich mir die ganzen Parallelrealitäten ansehe, die Menschen sich schaffen, um ihren Alltag irgendwie zu überleben. Aber das ist nichts für mich, ehrlich gesagt. Schönmalerei und leere Worthülsen machen mich fertig, und das meine ich ernst. Ich habe früher viel Scheinheiligkeit ertragen müssen und merke, dass es mich bis heute sehr geprägt hat. Sobald ich registriere, dass etwas nicht wirklich wahr sein kann – nicht wahrhaftig ist –, werde ich unfassbar nervös und hibbelig. Misstrauisch wäre wohl der richtige Begriff, denn ich provoziere alle Beteiligten so lange, bis der Schein endlich bricht und die Scherben für alle sichtbar ausgebreitet auf dem Boden liegen. Ja, okay, während ich das schreibe, wird mir selbst bewusst, warum ich immer wieder als Stresserin oder Aggressorin wahrgenommen werde. Ich lasse den Menschen einfach nicht ihren (Schein-)Frieden.

»Lieber kalte Klarheit als verheißungsvolle Verblendung«, das habe ich damals zu meinem Expartner gesagt, als wir uns nach der Trennung stritten und ich ihn immer weiter provozierte, mir endlich zu sagen, was genau eigentlich sein Problem war. Er versuchte, »meine Gefühle zu schützen«, und schluckte seinen Ärger daher lieber runter, anstatt mit mir in Konfrontation zu gehen. Dafür sollte ich ihm zu allem Überfluss auch noch dankbar sein, obwohl ich weder darum gebeten hatte noch mit meinem Frust hinterm Berg hielt – im Gegenteil.

Ähnlich funktioniert Selbstsabotage. Wir wissen, dass etwas oder jemand eigentlich nicht gut für uns ist, aber wir legen uns die Dinge so zurecht, bis aus »nicht gut« ein leicht verdauliches »ach, passt schon irgendwie« wird. Sei es bei der Partner*innen-Wahl, obwohl der Weg mit Red Flags gepflastert ist. Oder sei es, wie der Verhaltensökonom Armin Falk sagt, »wenn ich zum Beispiel im Supermarkt zwei Kilo Grillfleisch einkaufe, was dem Klima schadet, es aber in der Ökotüte nach Hause trage«.[46] Dann ist, dem Schein nach, schon wieder alles in Ordnung

Am Ende rechtfertigen wir damit unser eigenes Selbstbild – indem wir uns beweisen, dass wir gute Menschen – oder, wie manche abfällig sagen, Gutmenschen – sind. Übrigens, wer »Gutmensch« als Beleidigung benutzt, sollte mal sein eigenes Mindset hinterfragen. Just saying.

In dem Kontext bin ich noch auf ein anderes schönes Beispiel aus der Literatur gestoßen: Sartre benutzt in seinem Stück *Geschlossene Gesellschaft* das Motiv der Feigheit, um zu zeigen, wie sehr wir von dem Urteil anderer abhängig sind und wie schnell wir zu Lügner*innen werden, um unser positives Selbstbild zu schützen. Dabei vergessen wir (zu) schnell, dass wir dadurch nicht nur uns selbst, sondern auch die anderen manipulieren. Am aussagekräftigsten ist die Szene, in der Inès Garcin enttarnt und ihm seine selbstauferlegten realitätsfernen Glaubenssätze vorhält. Dieser hatte sie zuvor gefragt, ob man ein ganzes Leben nach einer einzigen Tat beurteilen könne. Dreißig Jahre hätte er davon geträumt, Mut zu haben und ließ sich viele Schwächen durchgehen, »weil dem Helden alles erlaubt ist. Wie bequem das war!«. Aber als der Zeitpunkt kam, seinen Mut zu beweisen, entschied er sich dazu, lieber nach Mexiko zu reisen – abzuhauen.[47]

Ich musste mir selbst nach einigen misslungenen Liebschaften eingestehen, dass sie bereits von vornherein zum Scheitern verurteilt waren. Ich hatte die Red Flags bewusst übersehen, um mich zu schützen. Das klingt jetzt vielleicht etwas paradox, denn das Scheitern brachte natürlich auch Kummer mit sich und tat weh. Wo ist da also der Selbstschutz? Ganz einfach: Angst vor Intimität und Gegenseitigkeit. Klar, Trennungen sind traurig, aber der Schmerz ist mit Sicherheit leichter zu (er-)tragen als die totale Hingabe und das Verschmelzen innerhalb einer intimen Liebesbeziehung, denn dadurch können verdrängte Verlustängste oder die Angst vor Nähe hervorgerufen werden. Also, lieber unabhängig bleiben, keine intensiven Beziehungen eingehen und gedanklich immer ein Hintertürchen offenhalten. Das, was ich zu wollen glaubte, ängstigte mich insgeheim am meisten. Erstaunlich, wie oft ich mich zu Menschen besonders hingezogen fühlte, obwohl schnell klar wurde, dass diese Verbindung weder auf Verbindlichkeit noch Langfristigkeit ausgelegt war. Gleichzeitig entschied ich mich gegen einige Menschen, die es wirklich ernst mit mir meinten und mir vom ersten

Moment an viel Wertschätzung entgegenbrachten. Ich war überfordert. Als ich bekam, was ich wollte, wollte ich auf einmal weg. (Mal schauen, ob Garcin sich noch in Mexiko rumtreibt.) Diese bedingungslose Hingabe und zweifellose Entscheidung für mich, setzte mich oft unter Erwartungsdruck. Erwartungen, die ich den anderen unterstellte, an mich zu haben, während sie zuvor nichts in die Richtung äußerten. War dieser eingebildete Erwartungsdruck nicht viel mehr Ausdruck meiner eigenen Ansprüche (an mich selbst)? Oder ein Ausdruck dafür, dass ich glaube, Erwartungen erfüllen zu müssen, weil ich sonst nicht liebenswert bin? Scheiß Leistungsgesellschaft.

Allerdings kam über die Jahre dann auch die Erkenntnis, dass ich meine Grenzen niemals wirklich kennenlerne, wenn ich mich weiterhin in meiner Komfortzone verstecke und meinem Ego aufheiternde Geschichten erzähle. Oder wenn ich mich in bedenkliche Beziehungen stürze, um mir hinterher, wenn es vorbei ist, selbst auf die Schulter zu klopfen und traurig, aber in meinen Dämonen bestätigt, zu denken: »Ich wusste es. Ich habe es mir ja gesagt«. Selbsterfüllende Prophezeiung – mal wieder.

Hochsensibilität und Narzissmus: Gleich und gleich verstellt sich gern

Beziehungen gründen auf Vertrauen. Vertrauen entsteht durch gemeinsame Erfahrungen und braucht Zeit. Manchmal reicht aber auch schon die gleiche Wellenlänge. Warum vertrauen wir dem einen sofort und der anderen erst nach längerer Zeit? Gibt es Menschen, die einfach vertrauenswürdig sind, oder spielen wir ihnen diese Eigenschaft lediglich zu, weil sie uns beispielsweise an einen geliebten Menschen oder eine*n alte*n Freund*in erinnern?

Aus Vertrauen können Verpflichtungen entstehen. Vertrauen verpflichtet. Oftmals sind es kleine Rituale, denen wir gerne nachgehen, weil wir wissen, dass sie jemanden erfreuen. Ein Beispiel: Eine Frau ruft ihren Freund gerne abends an, wenn sie sicher zu Hause angekommen ist, weil sie weiß, dass er sich sonst Sorgen macht. Immerhin vermittelt er ihr so auch das Gefühl besonderer Fürsorge und Aufmerksamkeit. Dieselbe Frau ruft ihren Freund aber nicht mehr gerne abends an, wenn sie sicher zu Hause angekommen ist, wenn sie weiß, dass er eifersüchtig ist und ihre Wege als auch Aktivitäten einfach nur kontrollieren will. Vertrauen ist gut, Kontrolle ist Abfuck, Kontrollverlust wiederum beängstigend.

Im Folgenden will ich ein wenig über Narzissmus und Hochsensibilität erzählen, und inwieweit diese beiden Persönlichkeitsmerkmale sich bedingen. Kontrolle ist hierbei ein zentrales Thema. Zuletzt ist mir immer wieder aufgefallen, dass der Begriff »Narzissmus« auf Social Media recht schnell und augenscheinlich wenig hinterfragt angewendet wird. Das Gleiche gilt, meiner Meinung nach, übrigens auch für Depressionen, Trigger und Hochsensibilität. Das Problem, das ich dabei sehe, ist die Relativierung der Bedeutung dieser Begrifflichkeiten. Nicht jede*r, der*die mal schlecht gelaunt ist, hat eine depressive Verstimmung. Nicht jede*r, der*die sich getriggert fühlt, erlebt gerade wirklich einen unkontrollierten emotionalen Flashback mit der Gefahr, eine Panikattacke zu erleiden. Nicht jede*r, der*die kritisches Feedback nicht leicht verarbeiten kann, ist hochsensibel.

Das sind alles Beobachtungen, die ich immer mal wieder, gerade in öffentlichen Debatten auf Social Media, aber auch live und direkt im Bekanntenkreis, gemacht habe. Ich finde es gut, dass wir mehr und mehr über mentale Gesundheit und psychische Krankheitsbilder reden, aber wir müssen dennoch aufpassen, dass wir durch mehr Sichtbarkeit nicht im gleichen Atemzug die weitreichenden Konsequenzen für die Opfer in den Schatten stellen – indem wir sie relativieren.

Bei meinen Recherchen zum Thema mentale Gesundheit habe ich mich mehr und mehr mit dem Thema »Hochsensibilität und Narzissmus« auseinandergesetzt. Zugegeben, ich war anfangs irritiert, denn diese beiden Persönlichkeitsmerkmale passten für mich nicht zusammen. Als ich mich mehr und mehr in die Materie einarbeitete, fiel mir jedoch auf, wie sehr ich mich an einigen Stellen ertappt fühlte. Es ergab alles Sinn, wie sollte es auch anders sein, sonst hätte ich mich wohl nicht so getriggert, so ertappt, gefühlt.

Hier ein paar Merkmale, die Narzissten und Hochsensible gemeinsam haben:

- Perfektionismus, Ehrgeiz und ein starkes Bedürfnis nach Kontrolle;
- schmale Komfortzone, innerhalb derer sie überdurchschnittlich produktiv sind;
- beide neigen auf der Zu-viel-Seite zur extremen Überflutung und auf der Zu-wenig-Seite zur stressauslösenden Langeweile;
- sie sind sensibel in Situationen, in denen sie sich nicht gesehen oder verstanden fühlen, vor allem gegenüber Kritik und Zurückweisung;
- im Kern sind beide sehr vulnerabel;
- Gefühl des Andersseins innerhalb der Gesellschaft.[48]

Spannend ist in diesem Kontext die Aufschlüsselung von Narzissmus und seiner Ausprägung in zwei Formen: der offene, extravertierte versus der verdeckte, introvertierte. Der Offene wird dabei auch als männlich und der Verdeckte im Gegenzug als weiblich bezeichnet.[49] Mir kam direkt der Gedanke, dass Menschen, die diese Diagnose vorschnell den verhassten Expartner*innen unterstellen, und sich im Gegenzug als hochsensibel und deshalb besonders empfindlich gegenüber übersteigertem Egoismus bezeichnen, vielleicht einen ungeliebten Teil von sich selbst im anderen wiederentdeckt haben. Projektion ist das Stichwort.

Schmidbauer führt ein spannendes Beispiel an, in dem er davon spricht, dass Menschen mit Helfersyndrom ihre aggressiven Gefühle bewusst unterdrücken, weil sie sie aufgrund missglückter frühkindlicher Identifikations- und Abnabelungsversuche von seiner*ihrer Bezugsperson als infantil und falsch ansehen.

Daher reagieren diese Menschen besonders auf die sogenannten offenen Narzisst*innen, zumal sie sie ebenso ablehnen wie bewundern. Sie bewundern ihre offene Kommunikation und ihr dominantes Auftreten, aber verurteilen ihr wenig empathisches und manipulatives Verhalten zutiefst. Dadurch entsteht eine ständige Auf- und Abwertung der Partner*innen.[50]

Von außen betrachtet ist es oft schwer vorstellbar, zumindest geht es mir so, warum Menschen in Beziehungen bleiben, die sie unglücklich machen. Jede*r von uns hat diese Freundin oder diesen Freund, der seit Monaten, vielleicht sogar Jahren, immer wieder die gleichen Beziehungsprobleme wälzt und sich in »Was wäre, wenn …«-Konstruktionen ergeht.

Oder vielleicht sind wir sogar selbst diese Person (gewesen). Ich habe mir zuletzt auf jeden Fall viele Gedanken darüber gemacht, wieso, beziehungsweise ob, meine Beziehungen immer am gleichen Punkt scheiterten und was für wiederholende Muster ich an den Tag legte. Wenn ich mich verliebte, während ich liebte und als ich mich entliebte.

Das waren teilweise keine schönen Erkenntnisse. Während der Pandemie blieb ja immer mal wieder wochenlang Zeit zu reflektieren und analysieren, wenn soziale Kontakte beschränkt und das Leben auf der Straße und auch anderswo zum Erliegen kam. Zeit für eine Innenschau! Ich gestand mir ein, dass auch ich nach der einen oder anderen Trennung ziemlich verunsichert in meinem Selbstwert zurückblieb, wobei ich schnell versuchte, das mit viel Arbeit zu verdrängen. Denn ich wusste, dass ich mir hier die fehlende und gerade jetzt so nötige Anerkennung holen konnte. Nach meinen letzten beiden Trennungen hatte ich außerdem das Gefühl, meine Bedürfnisse lange Zeit zurückgestellt zu haben und dafür am Ende nicht entlohnt worden zu sein.

Das führte dazu, dass ich mich extrem ungerecht behandelt fühlte und mehr frustriert als traurig war. Frustriert, weil ich es nicht geschafft hatte, für mich einzustehen, und mich im Nachhinein über jedes Einknicken und jedes nicht Gesagte ärgerte … und mich dafür schämte. Wobei, wenn ich ehrlich bin, habe ich mich auch für Dinge geschämt, die ich gesagt habe. Zum Beispiel, weil sie echt gemein und verletzend oder anmaßend waren. Eine meiner Schwächen, das ist mir bewusst. Wenn ich verletzt bin und mich zutiefst abgelehnt fühle, werde ich angriffslustig, provokant und versuche, mein Gegenüber auszuspielen und krampfhaft die Kontrolle über die Gesprächsdynamik zu bewahren. Dass es wohl am Ende eher die mich überkommenden Emotionen sind, die ich versuche zu kontrollieren, war mir früher nicht bewusst. Mittlerweile merke ich es sofort und versuche, kurz innezuhalten und »weich zu bleiben« – eine Formulierung, die eine Freundin mir zwei, drei Mal in hitzigen Diskussionen oder auch im Streit entgegengebracht hat: »Sei nicht so hart, bleib weich, bleib bei dir.«

Was ich damit sagen will: Durch meine Art, meine Bedürfnisse nicht zu kommunizieren, sondern aus Selbstschutz besonders kalt, rational und unnahbar, fast schon gemein, zu reagieren, erfahre ich das, was ich eigentlich fürchte: Ablehnung. Obgleich ich mich selbst als hochsensibel bezeichne, ist mein Verhalten anderen gegenüber manchmal nicht wirklich sensibel.

Es ist am Ende ein getarnter Egoismus, der vom sozialen Umfeld wie eben bereits erwähnt auch als verdeckter, introvertierter Narzissmus gelesen werden kann. Ich kann mich an einige Situationen erinnern, in denen ich meinen Expartner*innen nicht offen kommunizierte, was mich störte oder was ich brauchte, sie aber dennoch mit Ablehnung und Entwertung strafte. Sie konnten es mir einfach nicht recht machen und ich verlangte, dass sie es trotzdem weiter versuchten – ohne Hilfestellung. Hinterher zu behaupten, er*sie sei ein Narzisst gewesen, weil er*sie mich einfach nicht zufriedenstellen konnte und eh nur auf seinen*ihren eigenen Spaß aus war, war alles, aber nicht richtig.

Das Gefühl habe ich auch, wenn ich gerade mit weiblichen Personen aus meinem Bekanntenkreis spreche, die sich seit längerer Zeit in offensichtlich unglücklichen Beziehungen befinden und einfach nicht in Aktion treten. Im wahrsten Sinne des Wortes, denn sie teilen sich weder ihren Partnern mit noch übernehmen sie selbst Verantwortung für eine Veränderung der offensichtlich unglücklichen Umstände. Jegliche Kritik ertragen sie nicht, ebenso wenig wie ihre Partner Bock auf die ewig passiv-aggressiv geäußerte Kritik, ohne irgendeine Form von Angebot oder Kompromisslösung, haben. Er ist zu dominant, sie zu devot. Das klassische Spiel, das am Ende auch wieder auf patriarchalische Strukturen zurückgeht, denen wir alle bereits in unserer Erziehung unterworfen sind. Daher ist es auch nicht weit hergeholt, dass der offene Narzissmus als typisch männlich und der verdeckte als typisch weiblich angeführt wird.

Befreien können wir uns nur gemeinsam aus diesen Strukturen. Wenn ich meinen Partner*innen abverlange, ihr egoistisches Verhalten, oder in dem Fall, ihre narzisstischen Persönlichkeitsmerkmale, zu hinterfragen, dann muss ich im Gegenzug auch meine eigenen Handlungen sowie Ausprägungen narzisstischer Wesenszüge infrage stellen. Für mich war es auf jeden Fall ein krasser Denkanstoß zu erfahren, wie wichtig das Narzissmus-Konzept im Kontext Helfersyndrom und Hochsensibilität eigentlich ist. Denkanstöße sind wichtig, ansonsten entsteht gefährliches Halbwissen, wenn wir längere Zeit nur in unserer Bubble unterwegs sind und Content einseitig, aufs Einfachste reduziert und an manchen Stellen eher pointiert als differenziert, wahrnehmen.

Geteiltes Leid ist manchmal doppeltes Leid

Die folgende Erzählung beschreibt einen Teil meines Lebens, der mich sehr geprägt hat. Nicht nur, weil ich das erste Mal erfahren habe, was es heißt, wirklich eine Scheißangst zu haben, sondern auch, weil ich mir zum ersten Mal eingestehen musste, eine Situation maßlos unterschätzt und die Kontrolle verloren zu haben. Früher war ich süchtig nach Harmonie und bin Konflikten aus dem Weg gegangen. Ich habe eher versucht, andere zu schützen, anstatt ihnen meine Meinung ins Gesicht zu sagen. Dabei bin ich des Öfteren über meine

Grenzen gegangen und habe mich am Ende ausgenutzt und leer gefühlt, obwohl es, ehrlich betrachtet, meine eigene Schuld war. Mein Verlangen nach Anerkennung hat mich meine Bedürfnisse, gerade in romantischen, aber auch zeitweise in freundschaftlichen Beziehungen, herunterschlucken lassen. So hatte ich es eben gelernt; ich wollte es den anderen recht machen und nannte es irgendwann selbst mein Helfersyndrom.

Leider sollte mir das vor einigen Jahren zum Verhängnis werden, denn mein Expartner wurde krank: schwer depressiv. Ich versuchte zu helfen, überschritt meine seelischen Grenzen und verbrauchte dabei all meine emotionalen Ressourcen. Der Dank war nicht, wie erhofft, Anerkennung, sondern eine unbändige Wut, die mich treffen, und Schuldgefühle, die mich plagen sollten. Schmerzhaft, aber lehrreich. Seitdem weiß ich, wie wichtig es ist, für sich einzustehen. Im Endeffekt war es also eine nötige Lektion, auch wenn sie weniger schmerzhaft hätte ausfallen können. Aber dazu später mehr.

Wenn ein Mensch leidet, versucht man, ihm zu helfen. Das ist schon fast ein Instinkt, schließlich ist der Mensch ein soziales Wesen und lebt von/in der Gemeinschaft. Jede*r leidet auf seine*ihre Art und Weise. Der eine intensiver, die andere dafür länger. Die eine still, der andere laut. Ein lähmendes Gefühl, das den Menschen von seinem Umfeld trennt. Ich kann in diesem Fall nur aus eigener Erfahrung sprechen, aus eigener Erfahrung als Co-Depressive. Denn es stimmt schon, gerade, wenn eine enge Bezugsperson von dem dunklen Nebel erfasst und in den schwarzen Abgrund gezogen wird, ist es besonders schwer, sich gefühlstechnisch von alldem abzugrenzen und die eigene seelische Gesundheit zu wahren.

Depressionen sind eine fiese Angelegenheit. Co-depressiv, das ist ein Zustand, den wir möglicherweise erreichen, nachdem wir lange genug mit einem kranken/depressiven Menschen verbracht haben. Die Empathie ist schuld. Lachen ist ansteckend, Weinen jedoch manchmal auch. Jemanden leiden zu sehen, der einem sehr nahesteht, erst recht. Jeden Tag aufs Neue. Alles ist schwarz, war gefühlt eigentlich immer schon schwarz und wird auch weiterhin schwarz bleiben. Egal was passiert, egal ob Frühling oder Sommer, Herbst oder Winter. Soziale Kontakte wirken einschüchternd, auf einmal scheinen so viele Menschen Erwartungen zu haben, die man eh nicht erfüllen kann. Dabei gibt es eigentlich bloß eine wirklich wichtige Sache: Bitte sei wieder glücklich.

Vor allem, wenn man sich eine Wohnung teilt und somit auch einen gemeinsamen Tagesablauf hat. Wie will man sich da entziehen? Ab wann können Hilfsversuche als gescheitert gelten, ohne dass man rücksichtslos oder ungeduldig wirkt? Depressive Verstimmungen können eine Menge Geduld erfordern. Für beide Parteien. Für die, die leidet, und ebenso für die, die mitleidet. Mit dem einzigen Unterschied, dass der erkrankten Partei nicht unbedingt bewusst ist, wie kräftezehrend und langatmig so eine Episode sein kann. Wie auch? Schließlich verliert die Person oft ihr (realistisches) Gefühl für Zeit und Raum. So kann der Schmerz ins Unendliche wachsen und über den Moment hinaus unbesiegbar erscheinen.

Meine Challenge war es damals, mich abzugrenzen, denn das fiel mir früher, wie schon beschrieben, außerordentlich schwer. Wie will man es auch ignorieren, wenn der Partner neben einem leidet? Von außen betrachtet wirkt alles gar nicht so schlimm. Für die erkrankte Person hingegen ist jeder Tag eine Qual, das darf man nicht vergessen und auch nicht unterschätzen. Auch wenn der eigene Verstand einem sagt, dass all diese Dinge, die zur täglichen Verschlechterung des Zustands des Partners beitragen, nur konstruiert sind.

Wäre die betroffene Person in der Lage, klar zu denken und ihren Zustand zu reflektieren, wäre sie nicht krank … das vergessen viele. Man sollte ja auch nicht zu einem essgestörten Menschen sagen: »Dann iss halt mal mehr. Du siehst erschreckend dünn aus«, wobei das wahrscheinlich einige (aus Unwissenheit) tun und damit lediglich ihre Ratlosigkeit und Verzweiflung ausdrücken. Denn wenn es so einfach wäre, gäbe es keine psychischen Störungen/Krankheiten. Als ob sich jemand freiwillig fast zu Tode hungert oder wochenlang im Bett liegt, im schlimmsten Fall mit Suizidgedanken. In der Natur des Menschen ist kein Selbstzerstörungsdrang vorprogrammiert. Dieser entsteht zumeist erst durch äußere Einflüsse und ist in den seltensten Fällen angeboren (Ausnahme: bei Psychopath*innen).

Nur, weil der*die Betroffene nicht mit Gips oder Fieber im Bett liegt, heißt das übrigens auch nicht, dass er*sie nicht ernsthaft leidet. Die Person erlebt einen Schmerz, der nicht mal eben mit einem Saft oder einer Pille gelindert werden kann. Natürlich können Medikationen unterstützend wirken und den Prozess beschleunigen. Jedoch kann das niemals ohne eine tiefgehende psychologische Betreuung und den Willen des Patienten zur Selbstreflexion funktionieren. Was ich damit sagen will: Ich lehne weder Antidepressiva noch Beruhigungsmittel ab. Jedoch halte ich den lockeren Umgang damit heutzutage für fraglich. Aus meiner eigenen Erfahrung habe ich mitgenommen, dass eben dieses »lockere Pillenverschreiben« tödlich enden kann. Dazu komme ich später noch. Generell kann ich sagen: Wenn ein psychisch kranker Mensch mit Tabletten eingedeckt wird, die ein hohes Suchtpotenzial beinhalten, muss das betreut werden – meine Meinung. Mal davon abgesehen, dass eine der Nebenwirkungen von Antidepressiva Suizid ist. Paradox, dachte ich. Aber eigentlich logisch, lernte ich, nachdem eine Freundin, die als Therapeutin arbeitet, mir erklärte, dass manche Patient*innen durch die Medikamente erst die Energie bekommen, ihr dunkles Vorhaben durchzuziehen. Ohne parallel laufende psychologische Betreuung ist das also doppelt gefährlich.

Zurück zu meinem depressiven Expartner: Nachdem ich mit meinem Latein am Ende und mittlerweile ebenfalls sozial isoliert war, verschlechterte sich sein Zustand trotzdem zusehends. Er hütete ausnahmslos die Couch (hey, immerhin hatte er das Bett verlassen), kiffte sich noch dumpfer und leerer und entwickelte eine immer größere Ablehnung dem Leben gegenüber. An dieser Stelle verstärkten sich auch weitere unangenehme Wesenszüge ins schier Unermessliche: Unberechenbarkeit und Eifersucht. Klar, Eifersucht entsteht aus Unsicherheit oder fehlendem Selbstwert. Depressionen sind demnach der perfekte Nährboden. Anfangs zeigte ich noch Verständnis und mied die eine oder andere Situation, die ihm Kopfzerbrechen bereitete. Doch anstatt dies als Entgegenkommen zu sehen, wurde es fortan als selbstverständlich vorausgesetzt und ausgenutzt. Zusammen ist man manchmal trotzdem allein. Auf einmal sollte auch ich am besten die ganze Woche zu Hause verbringen. Schließlich war hier doch alles, »was wir brauchten«, hier konnten wir zusammen »gegen den Rest der Welt« im Selbstmitleid versinken.

Die fortwährende Zusicherung, dass man ja die einzige Bezugsperson und somit »Soul Mate« (na ja, so viel Soul war in dem ganzen dichten Nebel nicht mehr wirklich zu erkennen) sei, sollte mich entschädigen. Hat es aber nicht. Natürlich war es schön zu sehen, dass ich in manchen Momenten der einzige Mensch war, dem es gelingen konnte, dass Leid – wenn auch nur für ein paar Stunden – zu lindern und schöne Gefühle zu vermitteln. In diesem Moment begann aber die ganze manipulative Scheiße. Und das soll kein Vorwurf sein. Ich weiß jetzt, dass die Krankheit einen so im Griff haben kann, dass man die Kontrolle verliert und (unwissentlich) selbstgerecht und egoistisch handelt. Seine Gefühlsregungen bestimmten unseren Tagesablauf, und ich sage bewusst »Gefühlsregungen«, denn manchmal war es lediglich ein klitzekleiner Moment, der alles zerstören konnte. Seine zunehmende Unzufriedenheit kontrollierte unsere gesamte Beziehung. Anfangs versuchte ich, ihm alle lästigen Dinge abzunehmen. Ich schmiss den Haushalt, ging einkaufen und kochte das Essen. Nebenher ging ich arbeiten und begann meinen Master. Erinnerte ihn daran, Bewerbungen zu schreiben. Fing an, Bewerbungen für ihn zu schreiben.

Freunde kamen fortan meistens zu uns, da er nicht mehr allzu gern das Haus verließ und innerlich ruhiger war, wenn ich das auch nicht mehr allzu oft tat. Zumindest nicht am Wochenende oder abends, denn wer weiß, was da passieren könnte. Eifersucht. Nicht mehr und nicht weniger. Irgendwann gab er es zu. Er war besessen. Ich war schließlich die Frau an seiner Seite, er der Mann. In seinen Augen hätte er der Stärkere – der »Versorger« – sein müssen, was ihm jedoch nicht gelang und somit zu Selbsthass und noch mehr Unzufriedenheit führte. Daher schien es legitim, meine Autonomie in Form von emotionaler Erpressung zu untergraben. An dieser Stelle einen großen Dank an alle gesellschaftlichen Erwartungen und natürlich das Patriarchat.

Fortan machte ich alles falsch, zumindest laut seinen Aussagen. Ich verlangte zu viel, ich ließ ihm nicht genug Ruhe, ich forderte ihn ständig auf rauszugehen, »unter Leute«. Das hätte ich nicht tun sollen. Das überforderte ihn und ließ in ihm abermals das Gefühl aufkeimen, er sei nicht (gut) genug. Selbstzweifel nähren die Eifersucht. Dass es mir lediglich darum ging, ihn auf andere Gedanken zu bringen, sah er in diesen Momenten nicht. Er konnte es nicht. Der Nebel war zu dicht.

Irgendwann war es so weit, dass eine Therapie unumgänglich war. Mittlerweile hatte auch unser (übriggebliebenes) soziales Umfeld gemerkt, dass es sich hierbei um keine einfache temporäre Verstimmung handelte und ich allein nicht für seine Genesung verantwortlich sein konnte. Vor allem hatte ich auch keine Lust mehr, länger dafür verantwortlich zu sein, denn es ist verdammt kräftezehrend und emotional erschöpfend, tagein, tagaus zu sehen, wie sich dein Partner »auflöst«. Auflösen trifft es ganz gut, denn irgendwann fiel es ihm schwer, Blickkontakt zu halten, er wich mir fast schon aus, und seine Körperhaltung sackte in sich zusammen. Er war nicht nur verschlossen, er sah auch so aus. Ab jetzt wurde es gefährlich: aus dem anfänglichen Jammern wurde ein innerliches Brodeln.

Zumindest gehe ich davon aus, denn sonst wäre er nicht fortan in immer kleiner werdenden Abständen explodiert. Aggressive Ausbrüche, die mehrere Parfum-Flakons in tausend Teile zersplittern ließen. Schranktüren wurden zu Boxsäcken. Ich hielt das Geschrei nicht mehr aus und wollte gehen, nur für ein paar Tage. Er akzeptierte es nicht, verschloss die Tür und drohte mir, schüchterte mich ein. Jetzt war ich in der Situation gefangen, in seinen dunklen Tunneln eingesperrt. Ich bin mit leichten Blessuren davongekommen, aber die seelischen Narben saßen tief. Das hätte ich nicht gedacht. Weder dass es so eskalieren, noch dass ich es nicht so einfach wegstecken würde.

Am schlimmsten war das Gefühl, in der Situation gefangen zu sein. Mein Handy hatte er zuvor unauffällig einkassiert, die Haustür war verschlossen, und bis zum Fenster schaffte ich es nie. Er war schneller, unberechenbar und nicht erreichbar. Akute Psychose, lautete die Diagnose im Nachhinein. Ich hatte mich zuvor nie so gefangen gefühlt – nicht räumlich, höchstens gedanklich. Ich habe anschließend über ein Jahr gebraucht, bis ich nicht mehr drauf bestanden habe, dass die Tür immer geöffnet bleibt, wenn ich mit im Raum bin. Und noch ein weiteres Jahr, bis ich nicht mehr zusammengezuckt bin, wenn jemand die Haustür abgeschlossen hat. Vielleicht ist mir auch das eine oder andere Mal der Satz herausgerutscht: »Aber lass den Schlüssel im Schloss stecken oder lass ihn in der Nähe der Tür.«

Mein Expartner brauchte dringend Hilfe, psychologische Unterstützung musste her, das war klar. Nach langem Diskutieren und viel Überzeugungsarbeit nahm er den (emotional) beschwerlichen Weg auf sich und ging in die Klinik. Dort erzählte er von seiner Hoffnungs-, Antriebs- und Perspektivlosigkeit, die ihn kaum noch das Bett verlassen ließ. Nach einem Blick in den Kalender wurde schnell klar, dass sein Leid leider noch etwas Geduld haben musste, denn aktuell sei zeitlich niemand verfügbar, der ihm helfen könne. Selbsterfüllende Prophezeiung: Wer sollte ihm auch schon helfen können, geschweige denn wollen? Aber immerhin stattete man ihn fix mit allerlei Medikamenten, Schlaf-/Beruhigungsmittel und Antidepressiva aus, glücklicherweise (Vorsicht: Ironie) auch in rauen Mengen … denn viel hilft ja bekanntlich viel. Ich frage mich bis heute, wie man einen Menschen, der um Hilfe bittet, weil er seinen Alltag nicht mehr bewerkstelligt bekommt, mit drastischen Medikationen, die bei unkontrolliertem Gebrauch ein erhebliches Gefahrenpotenzial mit sich bringen, abspeisen kann.

Es dauerte keine sechs Wochen, die Therapeutensuche wiederum länger, und der erste Suizidversuch war geschehen. Überdosis. Medikamente und Drogen. Hebelwirkung. Überlebt. Am nächsten Tag: Einlieferung in die Klinik. Der Schock saß tief, das Trauma danach auch. Darum hatte ich nicht gebeten. Das wollte ich nicht sehen (müssen). Er hingegen bereute seine Entscheidung schnell – die Rede ist von der Einlieferung in die Klinik, nicht dem Suizidversuch. Das sollte noch dauern. Er überzeugte das gesamte Personal inklusive der Ärzt*innen davon, wieder nach Hause gehen zu dürfen. Eine psychologische Behandlung, zum Beispiel in Form von Therapie, fand im Anschluss nicht statt – aber er stand fortan auf mehreren Wartelisten.

Danach war es ihm definitiv nicht mehr möglich, einen Alltag zu »leben«. Zugegeben, nachdem er seine Medikamente angemessen konsumierte, erschien er ruhiger. Jegliche negativen Ausbrüche waren verflogen, eine schwerfällige Lethargie dominierte seine Erscheinung. Er saß einfach nur noch da. Weder traurig noch glücklich. Meistens müde, auffallend hungrig, wenig dynamisch. Klar, jemanden zu betäuben, schützt dessen Umfeld und denjenigen vor sich selbst. Auch das ist schwer anzusehen. Gelähmte Gefühle und Gedanken, ein Ausdruck reiner Resignation. Wenig lebendig, weit weg vom Leben. Angeblich war ich der einzige Mensch, der ihn versteht, aber helfen konnte ich ihm trotzdem nicht. An diesen Schuldgefühlen bin ich fast zerbrochen.

Fortan war mein Verhalten an schier endlose Bedingungen geknüpft. Denn anscheinend hatte ich eine unglaubliche Macht über ihn und sein Leid. Paradox, wenn man bedenkt, wie absolut hilflos ich mich gefühlt habe. Jetzt weiß ich: Hier ist professionelle Hilfe gefragt. Auch Lebenspartner*innen, enge Freund*innen oder Vertraute können keine Therapeut*innen ersetzen und keine ausreichende Versorgung gewährleisten.

Versorgung trifft es in diesem Fall ganz gut. Denn ein von Depressionen betroffener Mensch hat schier unendliche Bedürfnisse, die zu erfüllen sind. Er selbst ist leider kaum noch in der Lage dazu, oder es ist mit extremen Anstrengungen verbunden, weswegen der*die Kranke zumeist schon zu Beginn unter dieser Last zerbricht. Auch mir war es damals nicht möglich, dass alles zu (er-)tragen, und schließlich fand ich mich selbst in einem Strudel unendlicher Dunkelheit wieder, die mich noch monatelang begleiten sollte. Auch nach der Trennung ließen mich die intensiven Momente und die erlittene Hilflosigkeit nicht schlafen. Nachts holten mich die Gedanken ein. Was hätte ich besser machen können? Wieso habe ich das nicht kommen sehen? Wieso war es mir nicht möglich, dem ganzen Einhalt zu gebieten?

Die mangelnde Hilfsbereitschaft verschiedener Institutionen trug außerdem dazu bei, dass ich das Erlebte nicht so einfach verarbeiten und ad acta legen konnte. Fortan begleitete mich ein ständiges Misstrauen und das Gefühl, selbst mit den einfachsten Situationen überfordert zu sein. Ich fühlte mich einfach haltlos. Auf wen oder was konnte ich mich eigentlich noch verlassen? Auf mein Bauchgefühl? Nein, das hatte mich ja die letzten Monate auch im Stich gelassen. Auf unser Gesundheitssystem? Nein, das hatte meinen Exfreund ja auch lediglich mit ein paar Rezepten abgespeist und sich selbst überlassen, obwohl er den Mut aufgebracht hatte, um Hilfe zu bitten.

Letztlich war es mein Umzug und ein neues Umfeld, welches mich aus dem dunklen Sumpf herausholte und mir zeigte, dass es lediglich eine qualvolle, wenn auch lehrreiche Episode in meinem Leben war. Was wäre ich damals ohne meine beste Freundin gewesen, die mir in den folgenden Monaten zeigte, wie schön und bunt das Leben doch eigentlich ist. Ich liebe sie dafür, denn das hatte ich nach den gedankenschweren, problembeladenen Monaten beinahe vergessen. Ebenso wie meine Bedürfnisse. Die hatte ich zuvor bereitwillig zurückgestellt, da ich es mir zum Ziel gesetzt hatte, die Krankheit meines Ex zu besiegen. Mein neuer Partner war es dann, der mir das Verständnis und die Geduld entgegenbrachte, die ich brauchte, um diese dunkle Episode endgültig aus meinen Gedanken zu entfernen. Sein Zuspruch und die schier unerschöpfliche Motivation, mir mein Grundvertrauen zurückzugeben, waren es, die mich wieder erstrahlen ließen und mir die Kraft gaben, neue Dinge anzugehen und mich selbst zu verwirklichen. Ich bin ihm dafür unendlich dankbar – und werde es immer sein.

So lächerlich es klingt, aber Depressionen können ansteckend sein. Damit will ich nicht sagen, dass ich sein Leid infrage stelle oder mir anmaße, es bewerten zu können. Jedoch will ich damit zeigen, dass die Krankheit nicht zu unterschätzen ist. Weder für die Betroffenen noch für ihr Umfeld. Es ist wichtig, in solchen Momenten Grenzen zu setzen, sich abzugrenzen. Auch wenn das unglaublich hart und nach einer unlösbaren Aufgabe klingt, da man seine*n Liebste*n nur ungern leiden sieht, so ist es das einzig Richtige. Es ist fatal, die Krankheit mit übertriebener Fürsorge zu nähren. Denn letztlich ist es die Aufgabe des*der Erkrankten, sich einzugestehen, dass dieser Zustand nicht der Normalität entspricht.

Aber was ich im gleichen Atemzug akzeptieren musste, war die Tatsache, dass das Erlebte mich unter anderem deswegen in ein so tiefes Loch stürzen ließ, weil ich selbst zu depressiven Verstimmungen neige, diese in der Vergangenheit allerdings weder diagnostiziert bekommen hatte noch selbst auf den Trichter gekommen war. Ich erkannte, dass das Jahr zu viel für mich gewesen war und die insgesamt drei Suizidversuche, von denen ich Zeugin werden sollte, einiges an Lebensmut oder Frohsinn, wie der Volksmund so schön sagt, gefordert hatten. Neben meinem damaligen Partner war es eine Frau, Mitte 30, die sich an einem grauen, verregneten, ungemütlichen Februartag von jetzt auf gleich das Leben nehmen wollte, nachdem sie in einer Klinik abgewiesen worden war – ebenso wie mein Exfreund ziemlich genau ein Jahr später, was für ein absurder Zufall. Sie entschied sich zu springen, und wählte eine Brücke, unweit des Stadtzentrums über dem Rhein. Ich sah sie über die Brüstung klettern, rannte los, hielt sie fest, hielt sie nicht fest genug, sie sah mir in die Augen, sie forderte mich auf, sie loszulassen, sie riss sich los, sie fiel – und tauchte nicht mehr auf. »Lassen Sie mich los! Ich will nicht mehr.«, waren ihre letzten Worte. Die Verzweiflung in ihren Augen werde ich wohl niemals vergessen, ich bekomme immer noch Gänsehaut, wenn ich mir ihr Gesicht vor Augen rufe.

Dass sie überlebte erfuhr ich circa fünf Wochen später, als die Polizei mich anrief. Sie hatten den von mir abgesetzten Notruf zurückverfolgt und wollten mir nun einen Brief und Geschenk übergeben. Die Frau hatte überlebt und wieder Lebensmut gefasst, sie wollte sich bedanken. »Für meine Lebensretterin« steht auf dem Briefumschlag. Ich habe ihn immer noch, ich weiß genau, in welcher Kiste er liegt.

Das war alles etwas viel. Das waren Todesängste, psychotische Ausnahmezustände und Gewaltexzesse, die über die Art selbstzerstörerisches Verhalten hinausgingen, wie ich es bis dato von mir oder anderen gekannt hatte. Meine seelischen Grenzen wurden neu definiert. Mein System fühlte sich an wie auf links gedreht. Ich empfand meistens zu viel, oder gar nichts. Weder Freude noch Frieden, meistens Unruhe und Ohnmacht.

Ich begann eine Therapie. Und jetzt, sieben Jahre später, wenn ich so zurückblicke und meine Expartner*innen vergleiche, nach Parallelen in ihren Charakteren suche, um mich selbst und mein Handeln in der gemeinsam verbrachten Lebensphase besser zu verstehen, wird mir bewusst: Eins hatten die meisten meiner Expartner*innen gemeinsam, und dazu zähle ich auch intensive Affären, die manchmal Monate gingen und vom Intimitätslevel her einer romantischen Beziehung in nichts nachstanden: Es waren alles dunkle Charaktere, mit selbstzerstörerischen Gedanken und einem semi-liebevollen Selbstbild; allesamt charismatisch und tiefgründig hinterfragend, überaus reflektiert, mit einem kritischen Über-Ich und hohen moralischen Ansprüchen – an sich selbst und das Leben. Und an manchen Tagen schienen sie genau daran zu zerbrechen. Allein während ich das schreibe, fühle ich mich bei jedem Tipper selbst ertappt. Schreiben ist wie Therapie, stimmt schon.

An dieser Stelle möchte ich noch einmal auf die kontrovers diskutierte Alice Miller verweisen, die dieses Phänomen der Anziehung, meiner Meinung nach recht einleuchtend auf den Punkt gebracht hat, wenn sie davon spricht, wie wir eigene Konflikte auslagern, indem wir uns beispielsweise um die »armen« Partner*innen kümmern, sie beschützen wie ein Kind, weil wir uns dadurch stark, aber vor allem unentbehrlich fühlen, und somit einen »zusätzlichen Stützpfeiler im Gebäude der eigenen Persönlichkeit« gewinnen. Das kann vor allem dann der Fall sein, wenn wir von klein auf gelernt haben, unsere eigene kindliche Gefühlswelt, mit all ihren Emotionen, zu verleugnen und das Fundament unserer Persönlichkeit auf Erfolg, Leistung und Stärke beruht.[51]

Ich finde mich hier auf jeden Fall wieder. Ich neige ausgesprochen schnell dazu, mich der Probleme anderer Leute anzunehmen, vor allem derer meiner Partner*innen, um aus ihrer Dankbarkeit Anerkennung und das Gefühl gebraucht zu werden zu ziehen. Es ist alles ein Prozess, der niemals abgeschlossen ist. Schließlich kommen immer neue Herausforderungen auf uns zu. Aber eins habe ich mittlerweile gelernt: Bevor ich mich der Herausforderungen meines Umfelds annehme, checke ich erst mal meine persönlichen Baustellen und überlege, ob die nicht vielleicht Priorität haben sollten.

Schlusswort

Mittlerweile sehe ich auch meine schlechten Erfahrungen als großen Mehrwert an. Dabei geht es nicht ausschließlich um negative Erlebnisse. Mein Lebensweg macht einen Großteil meiner Arbeit aus, und ich kann so für mehr Sichtbarkeit sorgen. Dadurch widerfährt mir nicht nur Schlechtes, sondern auch viel Gutes – wie auch einigen anderen, zumindest laut Feedback. Und das ist doch wunderschön. Meine Bisexualität ist ein Geschenk, weil ich dadurch gelernt habe, mich in verschiedene Perspektiven hineinzuversetzen. Patriarchische Strukturen wurden mir dabei besonders vor Augen geführt – nicht nur beim Dating. Durch meine konservative Erziehung und kleinstädtische Herkunft, aber auch durch die vielen Umzüge innerhalb und außerhalb Deutschlands, habe ich zeitweise in den verschiedensten Bubbles gelebt, unterschiedlichste Lebensentwürfe kennengelernt und echt viel diskutiert.

Nachdem ich mich in den letzten Jahren ausschließlich mit Ungerechtigkeiten beschäftigt habe, die mich zeitweise an das Gute im Menschen haben zweifeln lassen, ist mir irgendwann aufgefallen, dass uns am Ende alle eins eint: Angst. Angst, nicht geliebt zu werden; Angst, zu versagen; Angst, nicht glücklich genug zu sein; Angst, nicht genug erlebt zu haben; Angst, allein zu sterben; Angst, nicht für unser wahres Ich geliebt zu werden; Angst, das Gesicht zu verlieren; Angst, benachteiligt zu werden … Materialistisch reiche Menschen können emotional arm sein und unter Ängsten leiden, ebenso wie Menschen ohne Besitz ein mit Liebe erfülltes Leben führen können, weshalb ihre Ängste woanders verortet sind. Niemand ist vollkommen glücklich und zufrieden, niemand ist perfekt. Die Kunst ist es, sich mit seinen Fehlern zu lieben, oder besser gesagt, mit ihnen klarzukommen.

Ich glaube, dass Diskriminierung erst hinfällig ist, wenn wir unsere eigenen Grenzen und Trigger erkennen. Wenn wir wissen, warum wir uns angegriffen fühlen, reagieren wir weniger aggressiv und impulsiv. Vielleicht treten wir erst einmal einen Schritt zurück und halten inne, bevor wir mit gefährlichen Vorurteilen um uns schmeißen, um andere einzuschüchtern und das eigene Weltbild, oder Selbstbild, zu schützen.

Am Ende sind das alles meine Gedanken, mein Erlebtes, meine Perspektive, mein biografischer Hintergrund, ohne Anspruch auf Absolutheit. Die Geschichten sind teilweise so passiert, aber Namen und Details wurden verfremdet, teils habe ich auch mehrere Erfahrungen zusammengefasst. Das gilt für die Schilderungen meiner Erlebnisse als Einhorn, ebenso wie für Geschriebenes über meine Ex-Beziehungen. Dadurch will ich zum einen mich selbst, aber auch meine (ehemaligen) Liebsten schützen. Es geht am Ende darum, was ich mit der Geschichte aufzeigen will.

Durch meine Arbeit und die Fragen, die mich immer wieder erreichen, habe ich über die Jahre immer wieder versucht, mich in andere hineinzuversetzen, um sie zu verstehen. Während ich Kritik früher noch sehr persönlich genommen und mich davon habe manchmal tagelang beeinflussen lassen, so sehe ich sie heute als konstruktiven Verbesserungsvorschlag – vorausgesetzt, sie wird konstruktiv formuliert –, und trenne meine Arbeit mehr von meiner Persönlichkeit. Da ich viel über persönliche Themen spreche, ist das manchmal nicht so einfach, aber am Ende des Tages muss auch ich mir immer vor Augen halten, dass die Menschen nur einen Ausschnitt von mir, meinem Leben, meiner Person sehen. Die Dinge, die sie reizen, verraten mir mehr über ihre Ängste als über meine Unzulänglichkeit. Außerdem wäre es naiv zu glauben, dass man monatelang seine Ideen und Gedanken in die Welt schreit, nein in meinem Fall schreibt, und keine kritische Antwort erhält.

Wie ich zu Beginn bereits schrieb: In unserem Leben geraten wir immer wieder in Identifikations- und/oder Abgrenzungskonflikte. Die Dinge verändern sich eben, und wir müssen uns erneut unsere Position sichern. Aber das ist gut, denn Wachstum ist in den meisten Fällen eine Folge des Umschwungs, eine Folge von Kritik, von (persönlichem) Scheitern. Wenn wir uns immer nur Honig ums Maul schmieren (lassen) und uns in unseren Macken bestätigt fühlen – extrem einfach heruntergebrochen, an dieser Stelle –, dann gibt es auch keinen Grund zur Veränderung.

Nach meinem Umzug nach Berlin änderte sich mein Umfeld wieder einmal. Ich bekam hier, in meiner neuen Bubble, mehr Gegenwind, setzte mich mit (noch) mehr gegenteiligen Meinungen auseinander und bekam den einen oder anderen Kritik-Storm ab. Das war nötig und im Nachhinein sehr lehrreich. Außerdem habe ich in meiner neuen Umgebung vieles über mich gelernt und meine Grenzen neu gesteckt, wie ich an den ganzen aufgeführten Beispielen versucht habe zu erklären. Mir ist es wichtig aufzuzeigen, dass es den einen Idealzustand nicht gibt. Das Leben verläuft in Phasen, ähnlich wie Sexualität.

Es ergibt wenig Sinn, dem einen Ziel hinterherzulaufen, in der Hoffnung, dass das Leben danach nur noch einem endlosen Tag im Glücksbärchi-Land gleicht. Das ist genau so naiv, wie zu glauben, dass es den einen Menschen gibt, die eine wahre Liebe. Ich frage mich eh, wieso das so ein erstrebenswertes Ziel für viele ist. Ist es nicht schöner zu glauben, dass es viele großartige Lieben in unserem Leben geben kann? Wenn eine Liebe schon unglaublich bereichernd ist, wie bereichernd wären dann mehrere (ob gleichzeitig oder nacheinander sei mal dahingestellt)?

Mir ist sehr wohl bewusst, dass das alles keine neuen Erkenntnisse sind oder *rocket science*, wie ein guter Freund gerne sagt, wenn ich ihm Gefühle oder Verhaltensmuster erkläre. Wie könnte es auch anders sein, schließlich verstehen wir die Dinge erst, wenn wir sie erleben, sie auf uns münzen und uns in sie – in Situationen, in andere Menschen – hineinversetzen können. Wenn wir uns ihnen verbunden fühlen. Daher ist es wichtig, dass wir immer wieder über die weiterhin vorherrschenden diskriminierenden Strukturen im Patriarchat und daraus resultierenden Ungerechtigkeiten reden. Gerechtigkeit für alle funktioniert nur, wenn jede*r für den*die andere*n das Beste will – und für sich selbst natürlich auch. Stichwort: Selbstliebe. Selbstliebe geht immer mit Grenzen setzen einher. Denn nur, wenn ich anderen meine Grenzen mitteile, können sie sie nicht übertreten. Es hat also nichts Unfreundliches oder Kaltes an sich, wenn man seine Abneigungen im gleichen Maße kommuniziert wie seine Vorlieben. Grenzen setzen ist zugleich ein Akt der Selbst- sowie Nächstenliebe.

Mir ist es wichtig, dass wir mehr reden – wirklich reden. Dazu gehört, dass wir mentale Krankheiten entstigmatisieren und Betroffenen zuhören oder Hilfe anbieten beziehungsweise ermöglichen. Es ist noch einiges zu tun, was die Beseitigung von patriarchalischen Strukturen angeht und wirklich frei sind Menschen, die jenseits der Heteronormativität leben auch nicht. Wenn ich von »wir« spreche, meine ich uns als Gesellschaft. Hier kann jede*r seinen*ihren Beitrag leisten, solange die

Bereitschaft da ist, wirklich zuzuhören und für andere Menschen, ebenso für sich selbst, das Beste zu wollen. Dabei kann es manchmal schon helfen, sich selbst zurückzunehmen und Betroffenen (s)eine Plattform anzubieten oder in hitzigen Diskussionen, gerade auf Social Media, einmal innezuhalten und sich zu fragen, wie viel man gerade an eigenen Ängsten auf das Gesagte/Geschriebene projiziert, bevor man energisch in die Tasten haut und Hass in die digitale Welt schreit. Zivilcourage ist noch so ein Ding, einfach mal hin- statt weggucken, und zwar mit den Augen – nicht mit der Handykamera. Wahrscheinlich ist es das, was ich am Ende eigentlich sagen will: Achtet mehr aufeinander, redet miteinander statt aneinander vorbei und versucht, andere Menschen wirklich zu verstehen.

Selbst eine demokratische Gesellschaft kann erst dann wirklich frei sein, wenn Diversität auf Augenhöhe gelebt wird. Nur das würde Freiheit für jede*n Einzelne*n bedeuten.

Über die Autorin

©Yves Sucksdorff

Nadine Primo studierte nach dem Abitur an der Universität in Bonn Romanistik und Internationale Geschichte der Neuzeit. Mittlerweile lebt sie in Berlin und ist selbstständig als freie Autorin, Speakerin und Content Creatorin tätig. Auf ihrem Blog www.nadine-primo.com und Instagram @nadine.primo teilt sie persönliche Erlebnisse aus ihrem Alltag als bisexuelle Frau und spricht über alternative Beziehungskonzepte, Diversität, weibliche Lust, anhaltende Ungerechtigkeiten im Patriarchat sowie mentale Gesundheit, insbesondere Depressionen, und Nachhaltigkeit. Als Vertreterin der queeren Community schrieb sie die Kolumne »bi happy« für das beziehungs-weise-Magazin, hostete zusammen mit Ben den Sexpodcast »INTIM« für Eis.de und veröffentlichte Gastbeiträge in verschiedenen Tageszeitungen und Magazinen. Außerdem hat sie immer wieder TV-Auftritte und nimmt als Gesprächspartnerin an Panel Talks teil.

Danksagung

Hätte mir jemand gesagt, wie langwierig und zehrend so ein Buchprozess sein kann, ich hätte es mir eventuell anders überlegt. Nein, das stimmt natürlich nicht, auch wenn ich zugeben muss, dass mich dieser Prozess des Schreibens wirklich einiges an Ressourcen gekostet hat – in erster Linie emotionale. Eine Achterbahnfahrt der Gefühle, eine Art Selbsttherapie. Aber gleichzeitig hat mir dieser Prozess auch unglaublich viel Freude bereitet und Klarheit geschenkt.

Daher möchte ich all denen von Herzen danken, die mich auf diesem Weg begleitet, aber vor allem ausgehalten haben.
Danke für euch: Oma, Papa, Mama, Lisa, Basti, Niklas, Ben, Tobi, Gera, Maxin, Anne, Jozef, Silvia, Lara, Anna, Kilian, Paoli und Sonja.

Einen großen Dank an meine Agentin! Danke Mimi für deine gefühlt endlose Ruhe, Geduld und beruhigenden E-Mails im richtigen Moment.
Danke an Lara, Elena, Magdalena und Birte vom mvg Verlag für eure tolle Unterstützung und Ideen.

Und danke an alle, die über die Jahre Teil von Projekten, Kooperationen, Auftritten, Interviews und Podcasts waren. Danke, dass ihr dabei wart und danke, dass ich dabei sein durfte. Wenn ich mir unsere Arbeit so anschaue, bin ich optimistisch, dass wir in einigen Jahren auf eine Gesellschaft blicken werden, in der wir nicht mehr für mehr Sichtbarkeit kämpfen müssen, weil wir Diversität leben.

Quellen

Holger Lendt und Lisa Fischbach: Treue ist auch keine Lösung, Pendo, 2011.

Alice Miller: Das Drama des begabten Kindes. Und die Suche nach dem wahren Selbst, Suhrkamp, 1983.

Christopher Ryan und Cacilda Jethá: Sex. Die wahre Geschichte, Klett-Cotta, 2016.

Jean-Paul Sartre: Geschlossene Gesellschaft, Rowohlt, 2018.

Wolfgang Schmidbauer: Hilflose Helfer, Rowohlt 2009.

Dr. Julia Shaw: Bi- Vielfältig Lieben, Hanser 2022.

Sarah und Nick: – Splitterfaserkrass, Goldegg Verlag 2022.

Michael Munz: »Suizidalität, Parasuizidalität und selbstverletzendes Verhalten bei weiblichen Jugendlichen mit Symptomen einer Borderline Persönlichkeitsstörung – Eine Pilotstudie zur Wirksamkeit der Dialektisch-behavioralen Therapie für Jugendliche (DBT-A)«, Dissertation, Universitätsklinik für Psychiatrie und Psychotherapie, Freiburg 2008.

DIE ZEIT No 19, 5. Mai 2022, Stefanie Flamm: »Was schulden wir unseren Eltern?«.

DIE ZEIT No 22, 25. Mai 2022, Feuilleton, Wolfgang Ullrich: »Mein anderes Ich«.

DIE ZEIT No 19, 5. Mai 2022, Armin Falk im Interview mit Uwe Jean Heuser: »Es gibt viele Formen wie sich Egoismus tarnt«.

Die ZEIT, No 20, 12. Mai 2022: »Die Macht der Herkunft«, Ulrich Bahnsen/Martin Spiewak.

https://www.zeit.de/gesellschaft/zeitgeschehen/2021-02/lgbtq-psychische-krankheiten-stress-depressionen-diskriminierung (24.05.2022)

https://statutes.capitol.texas.gov/Docs/HS/htm/HS.163.htm (24.05.2022)

https://www.queer.de/detail.php?article_id=38176 (24.05.2022) https://www.hoch-sensibel.ch/post/hochsensibilit%C3%A4t-und-narzissmus (19.06.2022)

https://www.lsvd.de/de/ct/2615-Gesundheit-von-LSBTI (24.05.2022)

https://www.diw.de/deutsch (24.05.2022)

https://www.jolie.de/sex/lovebombing, (24.05.2022)

https://warda.at/magazin/lifestyle/die-anziehungskraft-toxischer-personen-wie-man-sie-erkennt-und-sich-befreit/ (24.05.2022)

https://taz.de/Sexualisierte-Gewalt-in-Deutschland/!5727344/ (18.07.2022)

https://www.deutschlandfunkkultur.de/es-war-nicht-schoen-der-sohn-von-alice-miller-zu-sein-100.html (22.07.2022)

https://de.statista.com/statistik/daten/studie/1110712/umfrage/veraenderung-des-konsums-digitaler-medien/ (22.07.2022)

https://www.abendblatt.de/ratgeber/wissen/article207500781/Generation-Y-in-der-Liebe-Gluecklich-aber-nur-kurz.html (22.07.2022)

https://www.pharmazeutische-zeitung.de/opioid-krise-in-den-usa-noch-schlimmer-als-zuvor-130547/ (06.09.2022)

https://www.spektrum.de/news/lgbtqia-was-ist-geschlecht-was-sexuelle-identitaet-was-inter/2018251 (09.11.2022)

https://www.edit-magazin.de/ich-habe-eine-innere-frauenhasserin.html-0 (27.11.2022)

Netflix: Geschichtshappen, Staffel 2, Folge 6 »Dating Apps«.

SWR VOLLBILD »Date Rapes: So wenig schützen Tinder und Co vor Übergriffen bei Dates«, 2022.

NDR Doku »Alkohol: Erfolgreiche Frauen und die Sucht«, 2022.

Endnoten

1 Die ZEIT, 12. Mai 2022, No 20: »Die Macht der Herkunft« von Ulrich Bahnsen und Martin Spiewak, S. 29.

2 Sarah und Nick – Splitterfaserkrass. Mehr wow für Liebe und Beziehung, Goldegg Verlag 2022, S.31.

3 Mehr hierzu: https://www.edit-magazin.de/ich-habe-eine-innere-frauenhasserin.html-0, abgerufen am 27.11.2022.

4 Wolfgang Schmidbauer: Hilflose Helfer: Über die seelische Problematik der helfenden Berufe, Rowohlt 2009, S. 103.

5 DIE ZEIT No 19, 5. Mai 2022, Stefanie Flamm: »Was schulden wir unseren Eltern?«, S. 64.

6 Vgl.: Ebd, S.64.

7 Wolfgang Schmidbauer: Hilflose Helfer: Über die seelische Problematik der helfenden Berufe, Rowohlt 2009, S. 25.

8 Vgl.: Ebd, S.25.

9 Alice Miller: Das Drama des begabten Kindes und die Suche nach dem wahren Selbst, Suhrkamp 1983, S.57.

10 Vgl.: Schmidbauer, S. 103.

11 Schmidbauer, S. 103.

12 Vgl.: Ebd, S.103.

13 https://www.spektrum.de/news/lgbtqia-was-ist-geschlecht-was-sexuelle-identitaet-was-inter/2018251, abgerufen am 09.11.2022.

14 Vgl.: https://www.spektrum.de/news/lgbtqia-was-ist-geschlecht-was-sexuelle-identitaet-was-inter/2018251, abgerufen am 09.11.2022.

15 https://www.spiegel.de/gesundheit/sex/orgasmus-bei-frauen-es-geht-nicht-nur-um-die-klitoris-a-1280920.html https://link.springer.com/article/10.1007/s10508-017-0939-z

16 Christopher Ryan und Cacilda Jethá: Sex. Die wahre Geschichte, Klett-Costa 2016.

17 Holger Lendt und Lisa Fischbach: Treue ist auch keine Lösung, Pendo 2011.

18 https://www.abendblatt.de/ratgeber/wissen/article207500781/Generation-Y-in-der-Liebe-Gluecklich-aber-nur-kurz.html, abgerufen am 22.07.2022.

19 TAZ »Kaum Verurteilungen von Tätern«, November 2020.

20 Madita Oeming im Interview mit »Bewegungsmelder*in« Podcast, https://sagwas.net/madita-oeming-im-interview-video/, abgerufen am 01.09.2022.

21 https://de.statista.com/statistik/daten/studie/1110712/umfrage/veraenderung-des-konsums-digitaler-medien/, abgerufen am 22.07.2022.

22 Ebd.

23 Netflix: Geschichtshappen, Staffel 2, Folge 6 »Dating Apps«.

24 Ebd.

25 Verweis: https://www.ardmediathek.de/video/vollbild-recherchen-die-mehr-zeigen/date-rapes-so-wenig-schuetzen-tinder-und-co-vor-uebergriffen-bei-dates/swr/Y3JpZDovL3N3ci5kZS9h-ZXgvbzE2OTg0Njg.

26 DIE ZEIT No 22, 25. Mai 2022, Feuilleton, Wolfgang Ullrich: »Mein anderes Ich«, S. 59.

27 Ebd, S. 59.

28 Vgl.: Dr. Julia Shaw: Bi- Vielfältig Lieben, Hanser 2022, S. 36f.

29 Michael Munz: »Suizidalität, Parasuizidalität und selbstverletzendes Verhalten bei weiblichen Jugendlichen mit Symptomen einer Borderline Persönlichkeitsstörung«, Dissertation, Universitätsklinik für Psychiatrie und Psychotherapie, Freiburg 2008, S. 3.

30 https://www.queer.de/detail.php?article_id=38176, abgerufen am 06.09.2022.

31 https://statutes.capitol.texas.gov/Docs/HS/htm/HS.163.htm, abgerufen am 24.05.2022.

32 Die gesundheitliche Lage von lesbischen, schwulen, bisexuellen sowie trans- und intergeschlechtlichen Menschen in Deutschland (lsvd.de), abgerufen am 11.07.2022.

33 https://www.queer.de/detail.php?article_id=38176, abgerufen am 06.09.2022.

34 https://www.lsvd.de/de/ct/2615-Gesundheit-von-LSBTI, abgerufen am 14.07.2022.

35 NDR Doku »Alkohol: Erfolgreiche Frauen und die Sucht«, 2022.

36 https://www.pharmazeutische-zeitung.de/opioid-krise-in-den-usa-noch-schlimmer-als-zuvor-130547/, abgerufen am 06.09.2022.

37 https://www.zeit.de/gesellschaft/zeitgeschehen/2021-02/lgbtq-psychische-krankheiten-stress-depressionen-diskriminierung, abgerufen am 24.05.2022.

38 Vgl. https://www.queer.de/detail.php?article_id=38176, abgerufen am 24.05.2022.

39 Vgl.: Ebd.

40 Alice Miller: Das Drama des begabten Kindes und die Suche nach dem wahren Selbst, Suhrkamp 1982, S. 125.

41 https://www.deutschlandfunkkultur.de/es-war-nicht-schoen-der-sohn-von-alice-miller-zu-sein-100.html, abgerufen am 22.07.2022.

42 Vgl.: Ebd.

43 https://www.jolie.de/sex/lovebombing, abgerufen am 24.05.2022.

44 https://warda.at/magazin/lifestyle/die-anziehungskraft-toxischer-personen-wie-man-sie-erkennt-und-sich-befreit/, abgerufen am 24.05.2022.

45 Vgl.: Ebd.

46 DIE ZEIT No 19, 5. Mai 2022, Armin Falk im Interview mit Uwe Jean Heuser: »Es gibt viele Formen wie sich Egoismus tarnt«, S. 40.

47 Jean-Paul Sartre: Geschlossene Gesellschaft, Rowohlt, 2018, 55. Aufl., S. 56.

48 Vgl.: https://www.hoch-sensibel.ch/post/hochsensibilit%C3%A4t-und-narzissmus, abgerufen am 19.06.2022.

49 Vgl.:Ebd., abgerufen am 19.06.2022.

50 Vgl.: Wolfgang Schmidbauer, Hilflose Helfer, Rowohlt 2009, S. 182f.

51 Vgl.: Alice Miller: Das Drama des begabten Kindes. Und die Suche nach dem wahren Selbst, 1983 Suhrkamp, S. 77.

256 Seiten
17,00 € (D) | 17,50 € (A)
ISBN 978-3-7474-0425-6

Julia Henchen

Lustfaktor

Wie du Solosex so richtig genießen kannst

Man sollte nur den Sex haben, den man wirk-lich will. Klingt einfach, doch wie findet ma heraus, was einem gefällt? Die Sexualthera-peutin Julia Henchen weiß, dass es für viel gar nicht so einfach ist, die eigene Lust zu ent-decken, und zeigt, woran das liegen kann: Ei kleines Gefühl der Scham aus der Kindheit, di Schwierigkeit, die eigenen Bedürfnisse an ers-te Stelle zu setzen oder zu hohe Erwartunge an einen Megaorgasmus, die Lust wieder i Luft auflösen können.

Mit lockeren Übungen und unkomplizierte Anleitungen hilft sie dir, deinen Körper auf un-beschwerte Weise und ohne Scham kennen-zulernen. Damit du ein entspanntes Verhältni zu deiner Sexualität schaffen und deinen Se genießen kannst!

mvgverlag

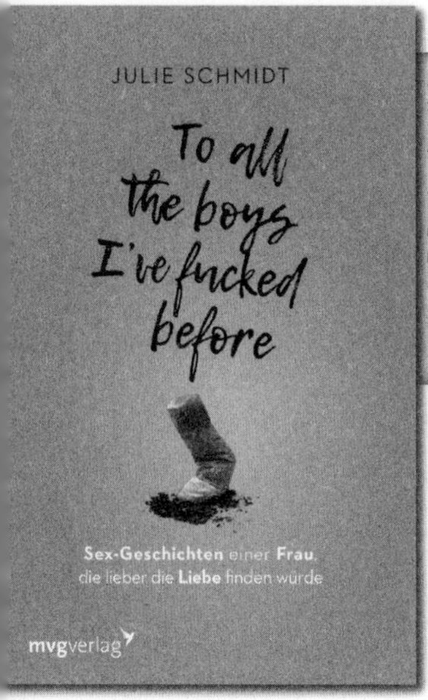

Auch als **E-Book** erhältlich

272 Seiten
16,99 € (D) | 17,50 € (A)
ISBN 978-3-7474-0207-8

Julie Schmidt

To all the boys I've fucked before

Sex-Geschichten einer Frau, die lieber die Liebe finden würde

Eigentlich wollte Julie Schmidt immer über die Liebe schreiben. Doch weil sie sich ausschließlich in beziehungsunfähige Arschlöcher verliebt und keine Lust darauf hat, dass ihr Herz noch mal gebrochen wird, schreibt sie lieber über das, was sie gut kann: Sex!
Sie hat wilde One-Night-Stands und Affären ohne Gefühle. Bis sie sich auf einen Typen einlässt, der sie erst mit seinem Charme und dann mit Manipulationen um den Verstand bringt. Diese toxische Beziehung hebt ihr Sexleben, aber auch ihren Liebeskummer auf ein ganz neues Level. Ihren Humor, Optimismus und ihre Lust verliert Julie Schmidt trotz dieser bittersüßen Erfahrung nicht. Irgendwann stellt sie fest, dass nicht nur ihre Typen ein klitzekleines Problem mit Beziehungen haben und sie vielleicht erst noch etwas über sich selbst lernen muss, bis es mit der Liebe klappt.

mvgverlag